I0158694

ITALIANO
V O C A B U L Á R I O

PORTUGUÊS ITALIANO

Para alargar o seu léxico e apurar
as suas competências linguísticas

3000 palavras

Vocabulário Português Brasileiro-Italiano - 3000 palavras

Por Andrey Taranov

Os vocabulários da T&P Books destinam-se a ajudar a aprender, a memorizar, e a rever palavras estrangeiras. O dicionário é dividido em temas, cobrindo todas as principais esferas de atividades quotidianas, negócios, ciência, cultura, etc.

O processo de aprendizagem, utilizando os dicionários baseados em temáticas da T&P Books dá-lhe as seguintes vantagens:

- Informação de origem corretamente agrupada predetermina o sucesso em fases subsequentes da memorização de palavras
- Disponibilização de palavras derivadas da mesma raiz, o que permite a memorização de unidades de texto (em vez de palavras separadas)
- Pequenas unidades de palavras facilitam o processo de estabelecimento de vínculos associativos necessários para a consolidação do vocabulário
- O nível de conhecimento da língua pode ser estimado pelo número de palavras aprendidas

T&P Books Publishing
www.tpbooks.com

ISBN: 978-1-78767-420-2

Este livro também está disponível em formato E-book.
Por favor visite www.tpbooks.com ou as principais livrarias on-line.

VOCABULÁRIO ITALIANO
palavras mais úteis

Os vocabulários da T&P Books destinam-se a ajudar a aprender, a memorizar, e a rever palavras estrangeiras. O vocabulário contém mais de 3000 palavras de uso comum organizadas tematicamente.

O vocabulário contém as palavras mais comummente usadas

Recomendado como adicional para qualquer curso de línguas

Satisfaz as necessidades dos iniciados e dos alunos avançados de línguas estrangeiras

Conveniente para o uso diário, sessões de revisão e atividades de auto-teste

Permite avaliar o seu vocabulário

Características especias do vocabulário

• As palavras estão organizadas de acordo com o seu significado, e não por ordem alfabética
• As palavras são apresentadas em três colunas para facilitar os processos de revisão e auto-teste
• As palavras compostas são divididas em pequenos blocos para facilitar o processo de aprendizagem
• O vocabulário oferece uma transcrição simples e adequada de cada palavra estrangeira

O vocabulário contém 101 tópicos incluindo:

Conceitos básicos, Números, Cores, Meses, Estações do ano, Unidades de medida, Roupas & Acessórios, Alimentos & Nutrição, Restaurante, Membros da Família, Parentes, Caráter, Sentimentos, Emoções, Doenças, Cidade, Passeios, Compras, Dinheiro, Casa, Lar, Escritório, Trabalho no Escritório, Importação & Exportação, Marketing, Pesquisa de Emprego, Esportes, Educação, Computador, Internet, Ferramentas, Natureza, Países, Nacionalidades e muito mais ...

TABELA DE CONTEÚDOS

Guia de pronunciação 8
Abreviaturas 9

CONCEITOS BÁSICOS 11

1. Pronomes 11
2. Cumprimentos. Saudações 11
3. Questões 12
4. Preposições 12
5. Palavras funcionais. Advérbios. Parte 1 13
6. Palavras funcionais. Advérbios. Parte 2 14

NÚMEROS. DIVERSOS 16

7. Números cardinais. Parte 1 16
8. Números cardinais. Parte 2 17
9. Números ordinais 17

CORES. UNIDADES DE MEDIDA 18

10. Cores 18
11. Unidades de medida 18
12. Recipientes 19

VERBOS PRINCIPAIS 21

13. Os verbos mais importantes. Parte 1 21
14. Os verbos mais importantes. Parte 2 22
15. Os verbos mais importantes. Parte 3 23
16. Os verbos mais importantes. Parte 4 23

TEMPO. CALENDÁRIO 25

17. Dias da semana 25
18. Horas. Dia e noite 25
19. Meses. Estações 26

VIAGENS. HOTEL 29

20. Viagens 29
21. Hotel 29
22. Turismo 30

TRANSPORTES 32

23. Aeroporto 32
24. Avião 33
25. Comboio 34
26. Barco 35

CIDADE 37

27. Transportes urbanos 37
28. Cidade. Vida na cidade 38
29. Instituições urbanas 39
30. Sinais 40
31. Compras 41

VESTUÁRIO & ACESSÓRIOS 43

32. Roupa exterior. Casacos 43
33. Vestuário de homem & mulher 43
34. Vestuário. Roupa interior 44
35. Adereços de cabeça 44
36. Calçado 44
37. Acessórios pessoais 45
38. Vestuário. Diversos 45
39. Cuidados pessoais. Cosméticos 46
40. Relógios de pulso. Relógios 47

EXPERIÊNCIA DO QUOTIDIANO 48

41. Dinheiro 48
42. Correios. Serviço postal 49
43. Banca 49
44. Telefone. Conversação telefônica 50
45. Telefone móvel 51
46. Estacionário 51
47. Línguas estrangeiras 52

REFEIÇÕES. RESTAURANTE 54

48. Por a mesa 54
49. Restaurante 54
50. Refeições 54
51. Pratos cozinhados 55
52. Comida 56

53. Bebidas 58
54. Vegetais 59
55. Frutos. Nozes 60
56. Pão. Bolaria 60
57. Especiarias 61

INFORMAÇÃO PESSOAL. FAMÍLIA 62

58. Informação pessoal. Formulários 62
59. Membros da família. Parentes 62
60. Amigos. Colegas de trabalho 63

CORPO HUMANO. MEDICINA 65

61. Cabeça 65
62. Corpo humano 66
63. Doenças 66
64. Sintomas. Tratamentos. Parte 1 68
65. Sintomas. Tratamentos. Parte 2 69
66. Sintomas. Tratamentos. Parte 3 70
67. Medicina. Drogas. Acessórios 70

APARTAMENTO 72

68. Apartamento 72
69. Mobiliário. Interior 72
70. Quarto de dormir 73
71. Cozinha 73
72. Casa de banho 74
73. Eletrodomésticos 75

A TERRA. TEMPO 76

74. Espaço sideral 76
75. A Terra 77
76. Pontos cardeais 78
77. Mar. Oceano 78
78. Nomes de Mares e Oceanos 79
79. Montanhas 80
80. Nomes de montanhas 81
81. Rios 81
82. Nomes de rios 82
83. Floresta 82
84. Recursos naturais 83
85. Tempo 84
86. Tempo extremo. Catástrofes naturais 85

FAUNA 87

87. Mamíferos. Predadores 87
88. Animais selvagens 87

89. Animais domésticos   88
90. Pássaros   89
91. Peixes. Animais marinhos   91
92. Anfíbios. Répteis   91
93. Insetos   92

FLORA   93

94. Árvores   93
95. Arbustos   93
96. Frutos. Bagas   94
97. Flores. Plantas   95
98. Cereais, grãos   96

PAÍSES DO MUNDO   97

99. Países. Parte 1   97
100. Países. Parte 2   98
101. Países. Parte 3   98

GUIA DE PRONUNCIAÇÃO

Alfabeto fonético T&P	Exemplo Italiano	Exemplo Português
[a]	casco ['kasko]	chamar
[e]	sfera ['sfera]	metal
[i]	filo ['filo]	sinônimo
[o]	dolce ['doltʃe]	lobo
[u]	siluro [si'luro]	bonita
[y]	würstel ['vyrstel]	questionar
[b]	busta ['busta]	barril
[d]	andare [an'dare]	dentista
[dz]	zinco ['dzinko]	pizza
[dʒ]	Norvegia [nor'vedʒa]	adjetivo
[ʒ]	garage [ga'raʒ]	talvez
[f]	ferrovia [ferro'via]	safári
[g]	ago ['ago]	gosto
[k]	cocktail ['koktejl]	aquilo
[j]	piazza ['pjattsa]	Vietnã
[l]	olive [o'live]	libra
[ʎ]	figlio ['fiʎʎo]	barulho
[m]	mosaico [mo'zaiko]	magnólia
[n]	treno ['treno]	natureza
[ŋ]	granchio ['graŋkio]	alcançar
[ɲ]	magnete [ma'ɲete]	ninhada
[p]	pallone [pal'lone]	presente
[r]	futuro [fu'turo]	riscar
[s]	triste ['triste]	sanita
[ʃ]	piscina [pi'ʃina]	mês
[t]	estintore [estin'tore]	tulipa
[ts]	spezie ['spetsie]	tsé-tsé
[tʃ]	lancia ['lantʃa]	Tchau!
[v]	volo ['volo]	fava
[w]	whisky ['wiski]	página web
[z]	deserto [de'zerto]	sésamo

ABREVIATURAS
usadas no vocabulário

Abreviaturas do Português

adj	-	adjetivo
adv	-	advérbio
anim.	-	animado
conj.	-	conjunção
desp.	-	esporte
etc.	-	Etcetera
ex.	-	por exemplo
f	-	nome feminino
f pl	-	feminino plural
fem.	-	feminino
inanim.	-	inanimado
m	-	nome masculino
m pl	-	masculino plural
m, f	-	masculino, feminino
masc.	-	masculino
mat.	-	matemática
mil.	-	militar
pl	-	plural
prep.	-	preposição
pron.	-	pronome
sb.	-	sobre
sing.	-	singular
v aux	-	verbo auxiliar
vi	-	verbo intransitivo
vi, vt	-	verbo intransitivo, transitivo
vr	-	verbo reflexivo
vt	-	verbo transitivo

Abreviaturas do Italiano

agg	-	adjetivo
f	-	nome feminino
f pl	-	feminino plural
m	-	nome masculino
m pl	-	masculino plural
m, f	-	masculino, feminino
pl	-	plural
v aus	-	verbo auxiliar

vi	-	verbo intransitivo
vi, vt	-	verbo intransitivo, transitivo
vr	-	verbo reflexivo
vt	-	verbo transitivo

CONCEITOS BÁSICOS

1. Pronomes

eu	io	['io]
você	tu	['tu]
ele	lui	['luj]
ela	lei	['lej]
nós	noi	['noj]
vocês	voi	['voi]
eles, elas	loro, essi	['loro], ['essi]

2. Cumprimentos. Saudações

Oi!	Buongiorno!	[buon'dʒorno]
Olá!	Salve!	['salve]
Bom dia!	Buongiorno!	[buon'dʒorno]
Boa tarde!	Buon pomeriggio!	[bu'on pome'ridʒo]
Boa noite!	Buonasera!	[buona'sera]
cumprimentar (vt)	salutare (vt)	[salu'tare]
Oi!	Ciao! Salve!	['tʃao], ['salve]
saudação (f)	saluto (m)	[sa'luto]
saudar (vt)	salutare (vt)	[salu'tare]
Tudo bem?	Come va?	['kome 'va]
E aí, novidades?	Che c'è di nuovo?	[ke tʃe di nu'ovo]
Tchau! Até logo!	Arrivederci!	[arrive'dertʃi]
Até breve!	A presto!	[a 'presto]
Adeus!	Addio!	[ad'dio]
despedir-se (dizer adeus)	congedarsi (vr)	[kondʒe'darsi]
Até mais!	Ciao!	['tʃao]
Obrigado! -a!	Grazie!	['gratsie]
Muito obrigado! -a!	Grazie mille!	['gratsie 'mille]
De nada	Prego	['prego]
Não tem de quê	Non c'è di che!	[non tʃe di 'ke]
Não foi nada!	Di niente	[di 'njente]
Desculpa!	Scusa!	['skuza]
Desculpe!	Scusi!	['skuzi]
desculpar (vt)	scusare (vt)	[sku'zare]
desculpar-se (vr)	scusarsi (vr)	[sku'zarsi]
Me desculpe	Chiedo scusa	['kjedo 'skuza]
Desculpe!	Mi perdoni!	[mi per'doni]

perdoar (vt)	perdonare (vt)	[perdo'nare]
Não faz mal	Non fa niente	[non fa 'njente]
por favor	per favore	[per fa'vore]

Não se esqueça!	Non dimentichi!	[non di'mentiki]
Com certeza!	Certamente!	[tʃerta'mente]
Claro que não!	Certamente no!	[tʃerta'mente no]
Está bem! De acordo!	D'accordo!	[dak'kordo]
Chega!	Basta!	['basta]

3. Questões

Quem?	Chi?	[ki]
O que?	Che cosa?	[ke 'koza]
Onde?	Dove?	['dove]
Para onde?	Dove?	['dove]
De onde?	Di dove?, Da dove?	[di 'dove], [da 'dove]
Quando?	Quando?	['kwando]
Para quê?	Perché?	[per'ke]
Por quê?	Perché?	[per'ke]

Para quê?	Per che cosa?	[per ke 'koza]
Como?	Come?	['kome]
Qual (~ é o problema?)	Che?	[ke]
Qual (~ deles?)	Quale?	['kwale]

A quem?	A chi?	[a 'ki]
De quem?	Di chi?	[di 'ki]
Do quê?	Di che cosa?	[di ke 'koza]
Com quem?	Con chi?	[kon 'ki]

Quantos? -as?	Quanti?	['kwanti]
Quanto?	Quanto?	['kwanto]
De quem? (masc.)	Di chi?	[di 'ki]

4. Preposições

com (prep.)	con	[kon]
sem (prep.)	senza	['sentsa]
a, para (exprime lugar)	a	[a]
sobre (ex. falar ~)	di	[di]
antes de ...	prima di ...	['prima di]
em frente de ...	di fronte a ...	[di 'fronte a]

debaixo de ...	sotto	['sotto]
sobre (em cima de)	sopra	['sopra]
em ..., sobre ...	su	[su]
de, do (sou ~ Rio de Janeiro)	da, di	[da], [di]
de (feito ~ pedra)	di	[di]

| em (~ 3 dias) | fra ... | [fra] |
| por cima de ... | attraverso | [attra'verso] |

5. Palavras funcionais. Advérbios. Parte 1

Onde?	Dove?	['dove]
aqui	qui	[kwi]
lá, ali	lì	[li]
em algum lugar	da qualche parte	[da 'kwalke 'parte]
em lugar nenhum	da nessuna parte	[da nes'suna 'parte]
perto de ...	vicino a ...	[vi'tʃino a]
perto da janela	vicino alla finestra	[vi'tʃino 'alla fi'nestra]
Para onde?	Dove?	['dove]
aqui	di qui	[di kwi]
para lá	ci	[tʃi]
daqui	da qui	[da kwi]
de lá, dali	da lì	[da 'li]
perto	vicino, accanto	[vi'tʃino], [a'kanto]
longe	lontano	[lon'tano]
perto de ...	vicino a ...	[vi'tʃino a]
à mão, perto	vicino	[vi'tʃino]
não fica longe	non lontano	[non lon'tano]
esquerdo (adj)	sinistro	[si'nistro]
à esquerda	a sinistra	[a si'nistra]
para a esquerda	a sinistra	[a si'nistra]
direito (adj)	destro	['destro]
à direita	a destra	[a 'destra]
para a direita	a destra	[a 'destra]
em frente	davanti	[da'vanti]
da frente	anteriore	[ante'rjore]
adiante (para a frente)	avanti	[a'vanti]
atrás de ...	dietro	['djetro]
de trás	da dietro	[da 'djetro]
para trás	indietro	[in'djetro]
meio (m), metade (f)	mezzo (m), centro (m)	['meddzo], ['tʃentro]
no meio	in mezzo, al centro	[in 'meddzo], [al 'tʃentro]
do lado	di fianco	[di 'fjanko]
em todo lugar	dappertutto	[dapper'tutto]
por todos os lados	attorno	[at'torno]
de dentro	da dentro	[da 'dentro]
para algum lugar	da qualche parte	[da 'kwalke 'parte]
diretamente	dritto	['dritto]
de volta	indietro	[in'djetro]
de algum lugar	da qualsiasi parte	[da kwal'siazi 'parte]
de algum lugar	da qualche posto	[da 'kwalke 'posto]

em primeiro lugar	in primo luogo	[in 'primo lu'ogo]
em segundo lugar	in secondo luogo	[in se'kondo lu'ogo]
em terceiro lugar	in terzo luogo	[in 'tertso lu'ogo]
de repente	all'improvviso	[all improv'vizo]
no início	all'inizio	[all i'nitsio]
pela primeira vez	per la prima volta	[per la 'prima 'volta]
muito antes de …	molto tempo prima di …	['molto 'tempo 'prima di]
de novo	di nuovo	[di nu'ovo]
para sempre	per sempre	[per 'sempre]
nunca	mai	[maj]
de novo	ancora	[an'kora]
agora	adesso	[a'desso]
frequentemente	spesso	['spesso]
então	allora	[al'lora]
urgentemente	urgentemente	[urdʒente'mente]
normalmente	di solito	[di 'solito]
a propósito, …	a proposito, …	[a pro'pozito]
é possível	è possibile	[e pos'sibile]
provavelmente	probabilmente	[probabil'mente]
talvez	forse	['forse]
além disso, …	inoltre …	[i'noltre]
por isso …	ecco perché …	['ekko per'ke]
apesar de …	nonostante	[nono'stante]
graças a …	grazie a …	['gratsie a]
que (pron.)	che cosa	[ke 'koza]
que (conj.)	che	[ke]
algo	qualcosa	[kwal'koza]
alguma coisa	qualcosa	[kwal'koza]
nada	niente	['njente]
quem	chi	[ki]
alguém (~ que …)	qualcuno	[kwal'kuno]
alguém (com ~)	qualcuno	[kwal'kuno]
ninguém	nessuno	[nes'suno]
para lugar nenhum	da nessuna parte	[da nes'suna 'parte]
de ninguém	di nessuno	[di nes'suno]
de alguém	di qualcuno	[di kwal'kuno]
tão	così	[ko'zi]
também (gostaria ~ de …)	anche	['aŋke]
também (~ eu)	anche, pure	['aŋke], ['pure]

6. Palavras funcionais. Advérbios. Parte 2

Por quê?	Perché?	[per'ke]
por alguma razão	per qualche ragione	[per 'kwalke ra'dʒone]
porque …	perché …	[per'ke]
por qualquer razão	per qualche motivo	[per 'kwalke mo'tivo]
e (tu ~ eu)	e	[e]

ou (ser ~ não ser)	o ...	[o]
mas (porém)	ma	[ma]
para (~ a minha mãe)	per	[per]

muito, demais	troppo	['troppo]
só, somente	solo	['solo]
exatamente	esattamente	[ezatta'mente]
cerca de (~ 10 kg)	circa	['tʃirka]

aproximadamente	approssimativamente	[approsimativa'mente]
aproximado (adj)	approssimativo	[approssima'tivo]
quase	quasi	['kwazi]
resto (m)	resto (m)	['resto]

cada (adj)	ogni	['oɲi]
qualquer (adj)	qualsiasi	[kwal'siazi]
muitos, muitas	molti	['molti]
muito	molto	['molto]
muitas pessoas	molta gente	['molta 'dʒente]
todos	tutto, tutti	['tutto], ['tutti]

em troca de ...	in cambio di ...	[in 'kambio di]
em troca	in cambio	[in 'kambio]
à mão	a mano	[a 'mano]
pouco provável	poco probabile	['poko pro'babile]

provavelmente	probabilmente	[probabil'mente]
de propósito	apposta	[ap'posta]
por acidente	per caso	[per 'kazo]

muito	molto	['molto]
por exemplo	per esempio	[per e'zempjo]
entre	fra	[fra]
entre (no meio de)	fra	[fra]
tanto	tanto	['tanto]
especialmente	soprattutto	[sopra'tutto]

NÚMEROS. DIVERSOS

7. Números cardinais. Parte 1

zero	zero (m)	['dzero]
um	uno	['uno]
dois	due	['due]
três	tre	['tre]
quatro	quattro	['kwattro]
cinco	cinque	['tʃinkwe]
seis	sei	['sej]
sete	sette	['sette]
oito	otto	['otto]
nove	nove	['nove]
dez	dieci	['djetʃi]
onze	undici	['unditʃi]
doze	dodici	['doditʃi]
treze	tredici	['treditʃi]
catorze	quattordici	[kwat'torditʃi]
quinze	quindici	['kwinditʃi]
dezesseis	sedici	['seditʃi]
dezessete	diciassette	[ditʃas'sette]
dezoito	diciotto	[di'tʃotto]
dezenove	diciannove	[ditʃan'nove]
vinte	venti	['venti]
vinte e um	ventuno	[ven'tuno]
vinte e dois	ventidue	['venti 'due]
vinte e três	ventitre	['venti 'tre]
trinta	trenta	['trenta]
trinta e um	trentuno	[tren'tuno]
trinta e dois	trentadue	[trenta 'due]
trinta e três	trentatre	[trenta 'tre]
quarenta	quaranta	[kwa'ranta]
quarenta e um	quarantuno	[kwa'rant'uno]
quarenta e dois	quarantadue	[kwa'ranta 'due]
quarenta e três	quarantatre	[kwa'ranta 'tre]
cinquenta	cinquanta	[tʃin'kwanta]
cinquenta e um	cinquantuno	[tʃin'kwant'uno]
cinquenta e dois	cinquantadue	[tʃin'kwanta 'due]
cinquenta e três	cinquantatre	[tʃin'kwanta 'tre]
sessenta	sessanta	[ses'santa]
sessenta e um	sessantuno	[sessan'tuno]

sessenta e dois	sessantadue	[ses'santa 'due]
sessenta e três	sessantatre	[ses'santa 'tre]
setenta	settanta	[set'tanta]
setenta e um	settantuno	[settan'tuno]
setenta e dois	settantadue	[set'tanta 'due]
setenta e três	settantatre	[set'tanta 'tre]
oitenta	ottanta	[ot'tanta]
oitenta e um	ottantuno	[ottan'tuno]
oitenta e dois	ottantadue	[ot'tanta 'due]
oitenta e três	ottantatre	[ot'tanta 'tre]
noventa	novanta	[no'vanta]
noventa e um	novantuno	[novan'tuno]
noventa e dois	novantadue	[no'vanta 'due]
noventa e três	novantatre	[no'vanta 'tre]

8. Números cardinais. Parte 2

cem	cento	['ʧento]
duzentos	duecento	[due'ʧento]
trezentos	trecento	[tre'ʧento]
quatrocentos	quattrocento	[kwattro'ʧento]
quinhentos	cinquecento	[ʧinkwe'ʧento]
seiscentos	seicento	[sej'ʧento]
setecentos	settecento	[sette'ʧento]
oitocentos	ottocento	[otto'ʧento]
novecentos	novecento	[nove'ʧento]
mil	mille	['mille]
dois mil	duemila	[due'mila]
três mil	tremila	[tre'mila]
dez mil	diecimila	['djeʧi 'mila]
cem mil	centomila	[ʧento'mila]
um milhão	milione (m)	[mi'ljone]
um bilhão	miliardo (m)	[mi'ljardo]

9. Números ordinais

primeiro (adj)	primo	['primo]
segundo (adj)	secondo	[se'kondo]
terceiro (adj)	terzo	['tertso]
quarto (adj)	quarto	['kwarto]
quinto (adj)	quinto	['kwinto]
sexto (adj)	sesto	['sesto]
sétimo (adj)	settimo	['settimo]
oitavo (adj)	ottavo	[ot'tavo]
nono (adj)	nono	['nono]
décimo (adj)	decimo	['deʧimo]

CORES. UNIDADES DE MEDIDA

10. Cores

cor (f)	colore (m)	[ko'lore]
tom (m)	sfumatura (f)	[sfuma'tura]
tonalidade (m)	tono (m)	['tono]
arco-íris (m)	arcobaleno (m)	[arkoba'leno]
branco (adj)	bianco	['bjanko]
preto (adj)	nero	['nero]
cinza (adj)	grigio	['gridʒo]
verde (adj)	verde	['verde]
amarelo (adj)	giallo	['dʒallo]
vermelho (adj)	rosso	['rosso]
azul (adj)	blu	['blu]
azul claro (adj)	azzurro	[ad'dzurro]
rosa (adj)	rosa	['roza]
laranja (adj)	arancione	[aran'tʃone]
violeta (adj)	violetto	[vio'letto]
marrom (adj)	marrone	[mar'rone]
dourado (adj)	d'oro	['doro]
prateado (adj)	argenteo	[ar'dʒenteo]
bege (adj)	beige	[beʒ]
creme (adj)	color crema	[ko'lor 'krema]
turquesa (adj)	turchese	[tur'keze]
vermelho cereja (adj)	rosso ciliegia (f)	['rosso tʃi'ljedʒa]
lilás (adj)	lilla	['lilla]
carmim (adj)	rosso lampone	['rosso lam'pone]
claro (adj)	chiaro	['kjaro]
escuro (adj)	scuro	['skuro]
vivo (adj)	vivo, vivido	['vivo], ['vivido]
de cor	colorato	[kolo'rato]
a cores	a colori	[a ko'lori]
preto e branco (adj)	bianco e nero	['bjanko e 'nero]
unicolor (de uma só cor)	in tinta unita	[in 'tinta u'nita]
multicolor (adj)	multicolore	[multiko'lore]

11. Unidades de medida

peso (m)	peso (m)	['pezo]
comprimento (m)	lunghezza (f)	[lun'gettsa]

largura (f)	larghezza (f)	[lar'gettsa]
altura (f)	altezza (f)	[al'tettsa]
profundidade (f)	profondità (f)	[profondi'ta]
volume (m)	volume (m)	[vo'lume]
área (f)	area (f)	['area]

grama (m)	grammo (m)	['grammo]
miligrama (m)	milligrammo (m)	[milli'grammo]
quilograma (m)	chilogrammo (m)	[kilo'grammo]
tonelada (f)	tonnellata (f)	[tonnel'lata]
libra (453,6 gramas)	libbra (f)	['libbra]
onça (f)	oncia (f)	['ontʃa]

metro (m)	metro (m)	['metro]
milímetro (m)	millimetro (m)	[mil'limetro]
centímetro (m)	centimetro (m)	[tʃen'timetro]
quilômetro (m)	chilometro (m)	[ki'lometro]
milha (f)	miglio (m)	['miʎʎo]

polegada (f)	pollice (m)	['pollitʃe]
pé (304,74 mm)	piede (f)	['pjede]
jarda (914,383 mm)	iarda (f)	[jarda]

| metro (m) quadrado | metro (m) quadro | ['metro 'kwadro] |
| hectare (m) | ettaro (m) | ['ettaro] |

litro (m)	litro (m)	['litro]
grau (m)	grado (m)	['grado]
volt (m)	volt (m)	[volt]
ampère (m)	ampere (m)	[am'pere]
cavalo (m) de potência	cavallo vapore (m)	[ka'vallo va'pore]

quantidade (f)	quantità (f)	[kwanti'ta]
um pouco de ...	un po'di ...	[un po di]
metade (f)	metà (f)	[me'ta]
dúzia (f)	dozzina (f)	[dod'dzina]
peça (f)	pezzo (m)	['pettso]

| tamanho (m), dimensão (f) | dimensione (f) | [dimen'sjone] |
| escala (f) | scala (f) | ['skala] |

mínimo (adj)	minimo	['minimo]
menor, mais pequeno	minore	[mi'nore]
médio (adj)	medio	['medio]
máximo (adj)	massimo	['massimo]
maior, mais grande	maggiore	[ma'dʒore]

12. Recipientes

pote (m) de vidro	barattolo (m) di vetro	[ba'rattolo di 'vetro]
lata (~ de cerveja)	latta (f), lattina (f)	['latta], [lat'tina]
balde (m)	secchio (m)	['sekkio]
barril (m)	barile (m), botte (f)	[ba'rile], ['botte]
bacia (~ de plástico)	catino (m)	[ka'tino]

tanque (m)	**serbatoio** (m)	[serba'tojo]
cantil (m) de bolso	**fiaschetta** (f)	[fias'ketta]
galão (m) de gasolina	**tanica** (f)	['tanika]
cisterna (f)	**cisterna** (f)	[ʧi'sterna]
caneca (f)	**tazza** (f)	['tattsa]
xícara (f)	**tazzina** (f)	[tat'tsina]
pires (m)	**piattino** (m)	[pjat'tino]
copo (m)	**bicchiere** (m)	[bik'kjere]
taça (f) de vinho	**calice** (m)	['kaliʧe]
panela (f)	**casseruola** (f)	[kasseru'ola]
garrafa (f)	**bottiglia** (f)	[bot'tiʎʎa]
gargalo (m)	**collo** (m)	['kollo]
jarra (f)	**caraffa** (f)	[ka'raffa]
jarro (m)	**brocca** (f)	['brokka]
recipiente (m)	**recipiente** (m)	[reʧi'pjente]
pote (m)	**vaso** (m) **di coccio**	['vazo di 'kotʃo]
vaso (m)	**vaso** (m)	['vazo]
frasco (~ de perfume)	**boccetta** (f)	[bo'ʧetta]
frasquinho (m)	**fiala** (f)	[fi'ala]
tubo (m)	**tubetto** (m)	[tu'betto]
saco (ex. ~ de açúcar)	**sacco** (m)	['sakko]
sacola (~ plastica)	**sacchetto** (m)	[sak'ketto]
maço (de cigarros, etc.)	**pacchetto** (m)	[pak'ketto]
caixa (~ de sapatos, etc.)	**scatola** (f)	['skatola]
caixote (~ de madeira)	**cassa** (f)	['kassa]
cesto (m)	**cesta** (f)	['ʧesta]

VERBOS PRINCIPAIS

13. Os verbos mais importantes. Parte 1

abrir (vt)	aprire (vt)	[a'prire]
acabar, terminar (vt)	finire (vt)	[fi'nire]
aconselhar (vt)	consigliare (vt)	[konsiʎ'ʎare]
adivinhar (vt)	indovinare (vt)	[indovi'nare]
advertir (vt)	avvertire (vt)	[avver'tire]
ajudar (vt)	aiutare (vt)	[aju'tare]
almoçar (vi)	pranzare (vi)	[pran'tsare]
alugar (~ um apartamento)	affittare (vt)	[affit'tare]
amar (pessoa)	amare qn	[a'mare]
ameaçar (vt)	minacciare (vt)	[mina'tʃare]
anotar (escrever)	annotare (vt)	[anno'tare]
apressar-se (vr)	avere fretta	[a'vere 'fretta]
arrepender-se (vr)	rincrescere (vi)	[rin'kreʃere]
assinar (vt)	firmare (vt)	[fir'mare]
brincar (vi)	scherzare (vi)	[sker'tsare]
brincar, jogar (vi, vt)	giocare (vi)	[dʒo'kare]
buscar (vt)	cercare (vt)	[tʃer'kare]
caçar (vi)	cacciare (vt)	[ka'tʃare]
cair (vi)	cadere (vi)	[ka'dere]
cavar (vt)	scavare (vt)	[ska'vare]
chamar (~ por socorro)	chiamare (vt)	[kja'mare]
chegar (vi)	arrivare (vi)	[arri'vare]
chorar (vi)	piangere (vi)	['pjandʒere]
começar (vt)	cominciare (vt)	[komin'tʃare]
comparar (vt)	comparare (vt)	[kompa'rare]
concordar (dizer "sim")	essere d'accordo	['essere dak'kordo]
confiar (vt)	fidarsi (vr)	[fi'darsi]
confundir (equivocar-se)	confondere (vt)	[kon'fondere]
conhecer (vt)	conoscere	[ko'noʃere]
contar (fazer contas)	contare (vt)	[kon'tare]
contar com ...	contare su ...	[kon'tare su]
continuar (vt)	continuare (vt)	[kontinu'are]
controlar (vt)	controllare (vt)	[kontrol'lare]
convidar (vt)	invitare (vt)	[invi'tare]
correr (vi)	correre (vi)	['korrere]
criar (vt)	creare (vt)	[kre'are]
custar (vt)	costare (vt)	[ko'stare]

14. Os verbos mais importantes. Parte 2

dar (vt)	dare (vt)	['dare]
dar uma dica	dare un suggerimento	[dare un sudʒeri'mento]
decorar (enfeitar)	decorare (vt)	[deko'rare]
defender (vt)	difendere (vt)	[di'fendere]
deixar cair (vt)	lasciar cadere	[la'ʃar ka'dere]
descer (para baixo)	scendere (vi)	['ʃendere]
desculpar (vt)	battaglia (f)	[bat'taʎʎa]
desculpar-se (vr)	scusarsi (vr)	[sku'zarsi]
dirigir (~ uma empresa)	dirigere (vt)	[di'ridʒere]
discutir (notícias, etc.)	discutere (vt)	[di'skutere]
disparar, atirar (vi)	sparare (vi)	[spa'rare]
dizer (vt)	dire (vt)	['dire]
duvidar (vt)	dubitare (vi)	[dubi'tare]
encontrar (achar)	trovare (vt)	[tro'vare]
enganar (vt)	ingannare (vt)	[ingan'nare]
entender (vt)	capire (vt)	[ka'pire]
entrar (na sala, etc.)	entrare (vi)	[en'trare]
enviar (uma carta)	mandare (vt)	[man'dare]
errar (enganar-se)	sbagliare (vi)	[zbaʎ'ʎare]
escolher (vt)	scegliere (vt)	['ʃeʎʎere]
esconder (vt)	nascondere (vt)	[na'skondere]
escrever (vt)	scrivere (vt)	['skrivere]
esperar (aguardar)	aspettare (vt)	[aspet'tare]
esperar (ter esperança)	sperare (vi, vt)	[spe'rare]
esquecer (vt)	dimenticare (vt)	[dimenti'kare]
estudar (vt)	studiare (vt)	[stu'djare]
exigir (vt)	esigere (vt)	[e'zidʒere]
existir (vi)	esistere (vi)	[e'zistere]
explicar (vt)	spiegare (vt)	[spje'gare]
falar (vi)	parlare (vi, vt)	[par'lare]
faltar (a la escuela, etc.)	mancare le lezioni	[man'kare le le'tsjoni]
fazer (vt)	fare (vt)	['fare]
ficar em silêncio	tacere (vi)	[ta'tʃere]
gabar-se (vr)	vantarsi (vr)	[van'tarsi]
gostar (apreciar)	piacere (vi)	[pja'tʃere]
gritar (vi)	gridare (vi)	[gri'dare]
guardar (fotos, etc.)	conservare (vt)	[konser'vare]
informar (vt)	informare (vt)	[infor'mare]
insistir (vi)	insistere (vi)	[in'sistere]
insultar (vt)	insultare (vt)	[insul'tare]
interessar-se (vr)	interessarsi di ...	[interes'sarsi di]
ir (a pé)	andare (vi)	[an'dare]
ir nadar	fare il bagno	['fare il 'baɲo]
jantar (vi)	cenare (vi)	[tʃe'nare]

15. Os verbos mais importantes. Parte 3

ler (vt)	**leggere** (vi, vt)	['ledʒere]
libertar, liberar (vt)	**liberare** (vt)	[libe'rare]
matar (vt)	**uccidere** (vt)	[u'tʃidere]
mencionar (vt)	**menzionare** (vt)	[mentsjo'nare]
mostrar (vt)	**mostrare** (vt)	[mo'strare]
mudar (modificar)	**cambiare** (vt)	[kam'bjare]
nadar (vi)	**nuotare** (vi)	[nuo'tare]
negar-se a … (vr)	**rifiutarsi** (vr)	[rifju'tarsi]
objetar (vt)	**obiettare** (vt)	[objet'tare]
observar (vt)	**osservare** (vt)	[osser'vare]
ordenar (mil.)	**ordinare** (vt)	[ordi'nare]
ouvir (vt)	**sentire** (vt)	[sen'tire]
pagar (vt)	**pagare** (vi, vt)	[pa'gare]
parar (vi)	**fermarsi** (vr)	[fer'marsi]
parar, cessar (vt)	**cessare** (vt)	[tʃes'sare]
participar (vi)	**partecipare** (vi)	[partetʃi'pare]
pedir (comida, etc.)	**ordinare** (vt)	[ordi'nare]
pedir (um favor, etc.)	**chiedere, domandare**	['kjedere], [doman'dare]
pegar (tomar)	**prendere** (vt)	['prendere]
pegar (uma bola)	**afferrare** (vt)	[affer'rare]
pensar (vi, vt)	**pensare** (vi, vt)	[pen'sare]
perceber (ver)	**accorgersi** (vr)	[ak'kordʒersi]
perdoar (vt)	**perdonare** (vt)	[perdo'nare]
perguntar (vt)	**chiedere, domandare**	['kjedere], [doman'dare]
permitir (vt)	**permettere** (vt)	[per'mettere]
pertencer a … (vi)	**appartenere** (vi)	[apparte'nere]
planejar (vt)	**pianificare** (vt)	[pjanifi'kare]
poder (~ fazer algo)	**potere** (v aus)	[po'tere]
possuir (uma casa, etc.)	**possedere** (vt)	[posse'dere]
preferir (vt)	**preferire** (vt)	[prefe'rire]
preparar (vt)	**cucinare** (vi)	[kutʃi'nare]
prever (vt)	**prevedere** (vt)	[preve'dere]
prometer (vt)	**promettere** (vt)	[pro'mettere]
pronunciar (vt)	**pronunciare** (vt)	[pronun'tʃare]
propor (vt)	**proporre** (vt)	[pro'porre]
punir (castigar)	**punire** (vt)	[pu'nire]
quebrar (vt)	**rompere** (vt)	['rompere]
queixar-se de …	**lamentarsi** (vr)	[lamen'tarsi]
querer (desejar)	**volere** (vt)	[vo'lere]

16. Os verbos mais importantes. Parte 4

ralhar, repreender (vt)	**sgridare** (vt)	[zgri'dare]
recomendar (vt)	**raccomandare** (vt)	[rakkoman'dare]

repetir (dizer outra vez)	ripetere (vt)	[ri'petere]
reservar (~ um quarto)	riservare (vt)	[rizer'vare]
responder (vt)	rispondere (vi, vt)	[ris'pondere]
rezar, orar (vi)	pregare (vi, vt)	[pre'gare]
rir (vi)	ridere (vi)	['ridere]
roubar (vt)	rubare (vt)	[ru'bare]
saber (vt)	sapere (vt)	[sa'pere]
sair (~ de casa)	uscire (vi)	[u'ʃire]
salvar (resgatar)	salvare (vt)	[sal'vare]
seguir (~ alguém)	seguire (vt)	[se'gwire]
sentar-se (vr)	sedersi (vr)	[se'dersi]
ser necessário	occorrere	[ok'korrere]
ser, estar	essere (vi)	['essere]
significar (vt)	significare (vt)	[siɲifi'kare]
sorrir (vi)	sorridere (vi)	[sor'ridere]
subestimar (vt)	sottovalutare (vt)	[sottovalu'tare]
surpreender-se (vr)	stupirsi (vr)	[stu'pirsi]
tentar (~ fazer)	tentare (vt)	[ten'tare]
ter (vt)	avere (vt)	[a'vere]
ter fome	avere fame	[a'vere 'fame]
ter medo	avere paura	[a'vere pa'ura]
ter sede	avere sete	[a'vere 'sete]
tocar (com as mãos)	toccare (vt)	[tok'kare]
tomar café da manhã	fare colazione	['fare kola'tsjone]
trabalhar (vi)	lavorare (vi)	[lavo'rare]
traduzir (vt)	tradurre (vt)	[tra'durre]
unir (vt)	unire (vt)	[u'nire]
vender (vt)	vendere (vt)	['vendere]
ver (vt)	vedere (vt)	[ve'dere]
virar (~ para a direita)	girare (vi)	[dʒi'rare]
voar (vi)	volare (vi)	[vo'lare]

TEMPO. CALENDÁRIO

17. Dias da semana

segunda-feira (f)	**lunedì** (m)	[lune'di]
terça-feira (f)	**martedì** (m)	[marte'di]
quarta-feira (f)	**mercoledì** (m)	[merkole'di]
quinta-feira (f)	**giovedì** (m)	[dʒove'di]
sexta-feira (f)	**venerdì** (m)	[vener'di]
sábado (m)	**sabato** (m)	['sabato]
domingo (m)	**domenica** (f)	[do'menika]
hoje	**oggi**	['odʒi]
amanhã	**domani**	[do'mani]
depois de amanhã	**dopodomani**	[dopodo'mani]
ontem	**ieri**	['jeri]
anteontem	**l'altro ieri**	['laltro 'jeri]
dia (m)	**giorno** (m)	['dʒorno]
dia (m) de trabalho	**giorno** (m) **lavorativo**	['dʒorno lavora'tivo]
feriado (m)	**giorno** (m) **festivo**	['dʒorno fes'tivo]
dia (m) de folga	**giorno** (m) **di riposo**	['dʒorno di ri'pozo]
fim (m) de semana	**fine** (m) **settimana**	['fine setti'mana]
o dia todo	**tutto il giorno**	[tutto il 'dʒorno]
no dia seguinte	**l'indomani**	[lindo'mani]
há dois dias	**due giorni fa**	['due 'dʒorni fa]
na véspera	**il giorno prima**	[il 'dʒorno 'prima]
diário (adj)	**quotidiano**	[kwoti'djano]
todos os dias	**ogni giorno**	['oɲi 'dʒorno]
semana (f)	**settimana** (f)	[setti'mana]
na semana passada	**la settimana scorsa**	[la setti'mana 'skorsa]
semana que vem	**la settimana prossima**	[la setti'mana 'prossima]
semanal (adj)	**settimanale**	[settima'nale]
toda semana	**ogni settimana**	['oɲi setti'mana]
duas vezes por semana	**due volte alla settimana**	['due 'volte 'alla setti'mana]
toda terça-feira	**ogni martedì**	['oɲi marte'di]

18. Horas. Dia e noite

manhã (f)	**mattina** (f)	[mat'tina]
de manhã	**di mattina**	[di mat'tina]
meio-dia (m)	**mezzogiorno** (m)	[meddzo'dʒorno]
à tarde	**nel pomeriggio**	[nel pome'ridʒo]
tardinha (f)	**sera** (f)	['sera]
à tardinha	**di sera**	[di 'sera]

noite (f)	notte (f)	['notte]
à noite	di notte	[di 'notte]
meia-noite (f)	mezzanotte (f)	[meddza'notte]

segundo (m)	secondo (m)	[se'kondo]
minuto (m)	minuto (m)	[mi'nuto]
hora (f)	ora (f)	['ora]
meia hora (f)	mezzora (f)	[med'dzora]
quarto (m) de hora	un quarto d'ora	[un 'kwarto 'dora]
quinze minutos	quindici minuti	['kwinditʃi mi'nuti]
vinte e quatro horas	ventiquattro ore	[venti'kwattro 'ore]

nascer (m) do sol	levata (f) del sole	[le'vata del 'sole]
amanhecer (m)	alba (f)	['alba]
madrugada (f)	mattutino (m)	[mattu'tino]
pôr-do-sol (m)	tramonto (m)	[tra'monto]

de madrugada	di buon mattino	[di bu'on mat'tino]
esta manhã	stamattina	[stamat'tina]
amanhã de manhã	domattina	[domat'tina]

esta tarde	oggi pomeriggio	['odʒi pome'ridʒo]
à tarde	nel pomeriggio	[nel pome'ridʒo]
amanhã à tarde	domani pomeriggio	[do'mani pome'ridʒo]

| esta noite, hoje à noite | stasera | [sta'sera] |
| amanhã à noite | domani sera | [do'mani 'sera] |

às três horas em ponto	alle tre precise	['alle tre pre'tʃize]
por volta das quatro	verso le quattro	['verso le 'kwattro]
às doze	per le dodici	[per le 'doditʃi]

em vinte minutos	fra venti minuti	[fra 'venti mi'nuti]
em uma hora	fra un'ora	[fra un 'ora]
a tempo	puntualmente	[puntual'mente]

... um quarto para	un quarto di ...	[un 'kwarto di]
dentro de uma hora	entro un'ora	['entro un 'ora]
a cada quinze minutos	ogni quindici minuti	['oɲi 'kwinditʃi mi'nuti]
as vinte e quatro horas	giorno e notte	['dʒorno e 'notte]

19. Meses. Estações

janeiro (m)	gennaio (m)	[dʒen'najo]
fevereiro (m)	febbraio (m)	[feb'brajo]
março (m)	marzo (m)	['martso]
abril (m)	aprile (m)	[a'prile]
maio (m)	maggio (m)	['madʒo]
junho (m)	giugno (m)	['dʒuɲo]

julho (m)	luglio (m)	['luʎʎo]
agosto (m)	agosto (m)	[a'gosto]
setembro (m)	settembre (m)	[set'tembre]
outubro (m)	ottobre (m)	[ot'tobre]

novembro (m)	novembre (m)	[no'vembre]
dezembro (m)	dicembre (m)	[di'tʃembre]
primavera (f)	primavera (f)	[prima'vera]
na primavera	in primavera	[in prima'vera]
primaveril (adj)	primaverile	[primave'rile]
verão (m)	estate (f)	[e'state]
no verão	in estate	[in e'state]
de verão	estivo	[e'stivo]
outono (m)	autunno (m)	[au'tunno]
no outono	in autunno	[in au'tunno]
outonal (adj)	autunnale	[autun'nale]
inverno (m)	inverno (m)	[in'verno]
no inverno	in inverno	[in in'verno]
de inverno	invernale	[inver'nale]
mês (m)	mese (m)	['meze]
este mês	questo mese	['kwesto 'meze]
mês que vem	il mese prossimo	[il 'meze 'prossimo]
no mês passado	il mese scorso	[il 'meze 'skorso]
um mês atrás	un mese fa	[un 'meze fa]
em um mês	fra un mese	[fra un 'meze]
em dois meses	fra due mesi	[fra 'due 'mezi]
todo o mês	un mese intero	[un 'meze in'tero]
um mês inteiro	per tutto il mese	[per 'tutto il 'meze]
mensal (adj)	mensile	[men'sile]
mensalmente	mensilmente	[mensil'mente]
todo mês	ogni mese	['oɲi 'meze]
duas vezes por mês	due volte al mese	['due 'volte al 'meze]
ano (m)	anno (m)	['anno]
este ano	quest'anno	[kwest'anno]
ano que vem	l'anno prossimo	['lanno 'prossimo]
no ano passado	l'anno scorso	['lanno 'skorso]
há um ano	un anno fa	[un 'anno fa]
em um ano	fra un anno	[fra un 'anno]
dentro de dois anos	fra due anni	[fra 'due 'anni]
todo o ano	un anno intero	[un 'anno in'tero]
um ano inteiro	per tutto l'anno	[per 'tutto 'lanno]
cada ano	ogni anno	['oɲi 'anno]
anual (adj)	annuale	[annu'ale]
anualmente	annualmente	[annual'mente]
quatro vezes por ano	quattro volte all'anno	['kwattro 'volte all 'anno]
data (~ de hoje)	data (f)	['data]
data (ex. ~ de nascimento)	data (f)	['data]
calendário (m)	calendario (m)	[kalen'dario]
meio ano	mezz'anno (m)	[med'dzanno]
seis meses	semestre (m)	[se'mestre]

| estação (f) | **stagione** (f) | [sta'dʒone] |
| século (m) | **secolo** (m) | ['sekolo] |

VIAGENS. HOTEL

20. Viagens

turismo (m)	turismo (m)	[tu'rizmo]
turista (m)	turista (m)	[tu'rista]
viagem (f)	viaggio (m)	['vjadʒo]
aventura (f)	avventura (f)	[avven'tura]
percurso (curta viagem)	viaggio (m)	['vjadʒo]
férias (f pl)	vacanza (f)	[va'kantsa]
estar de férias	essere in vacanza	['essere in va'kantsa]
descanso (m)	riposo (m)	[ri'pozo]
trem (m)	treno (m)	['treno]
de trem (chegar ~)	in treno	[in 'treno]
avião (m)	aereo (m)	[a'ereo]
de avião	in aereo	[in a'ereo]
de carro	in macchina	[in 'makkina]
de navio	in nave	[in 'nave]
bagagem (f)	bagaglio (m)	[ba'gaʎʎo]
mala (f)	valigia (f)	[va'lidʒa]
carrinho (m)	carrello (m)	[kar'rello]
passaporte (m)	passaporto (m)	[passa'porto]
visto (m)	visto (m)	['visto]
passagem (f)	biglietto (m)	[biʎ'ʎetto]
passagem (f) aérea	biglietto (m) aereo	[biʎ'ʎetto a'ereo]
guia (m) de viagem	guida (f)	['gwida]
mapa (m)	carta (f) geografica	['karta dʒeo'grafika]
área (f)	località (f)	[lokali'ta]
lugar (m)	luogo (m)	[lu'ogo]
exotismo (m)	ogetti (m pl) esotici	[o'dʒetti e'zotitʃi]
exótico (adj)	esotico	[e'zotiko]
surpreendente (adj)	sorprendente	[sorpren'dente]
grupo (m)	gruppo (m)	['gruppo]
excursão (f)	escursione (f)	[eskur'sjone]
guia (m)	guida (f)	['gwida]

21. Hotel

hotel (m)	albergo, hotel (m)	[al'bergo], [o'tel]
motel (m)	motel (m)	[mo'tel]
três estrelas	tre stelle	[tre 'stelle]

cinco estrelas	cinque stelle	['tʃinkwe 'stelle]
ficar (vi, vt)	alloggiare (vi)	[allo'dʒare]
quarto (m)	camera (f)	['kamera]
quarto (m) individual	camera (f) singola	['kamera 'singola]
quarto (m) duplo	camera (f) doppia	['kamera 'doppia]
reservar um quarto	prenotare una camera	[preno'tare 'una 'kamera]
meia pensão (f)	mezza pensione (f)	['meddza pen'sjone]
pensão (f) completa	pensione (f) completa	[pen'sjone kom'pleta]
com banheira	con bagno	[kon 'baɲo]
com chuveiro	con doccia	[kon 'dotʃa]
televisão (m) por satélite	televisione (f) satellitare	[televi'zjone satelli'tare]
ar (m) condicionado	condizionatore (m)	[konditsiona'tore]
toalha (f)	asciugamano (m)	[aʃuga'mano]
chave (f)	chiave (f)	['kjave]
administrador (m)	amministratore (m)	[amministra'tore]
camareira (f)	cameriera (f)	[kame'rjera]
bagageiro (m)	portabagagli (m)	[porta·ba'gaʎʎi]
porteiro (m)	portiere (m)	[por'tjere]
restaurante (m)	ristorante (m)	[risto'rante]
bar (m)	bar (m)	[bar]
café (m) da manhã	colazione (f)	[kola'tsjone]
jantar (m)	cena (f)	['tʃena]
bufê (m)	buffet (m)	[buf'fe]
saguão (m)	hall (f)	[oll]
elevador (m)	ascensore (m)	[aʃen'sore]
NÃO PERTURBE	NON DISTURBARE	[non distur'bare]
PROIBIDO FUMAR!	VIETATO FUMARE!	[vje'tato fu'mare]

22. Turismo

monumento (m)	monumento (m)	[monu'mento]
fortaleza (f)	fortezza (f)	[for'tettsa]
palácio (m)	palazzo (m)	[pa'lattso]
castelo (m)	castello (m)	[ka'stello]
torre (f)	torre (f)	['torre]
mausoléu (m)	mausoleo (m)	[mauzo'leo]
arquitetura (f)	architettura (f)	[arkitet'tura]
medieval (adj)	medievale	[medje'vale]
antigo (adj)	antico	[an'tiko]
nacional (adj)	nazionale	[natsio'nale]
famoso, conhecido (adj)	famoso	[fa'mozo]
turista (m)	turista (m)	[tu'rista]
guia (pessoa)	guida (f)	['gwida]
excursão (f)	escursione (f)	[eskur'sjone]
mostrar (vt)	fare vedere	['fare ve'dere]

contar (vt)	raccontare (vt)	[rakkon'tare]
encontrar (vt)	trovare (vt)	[tro'vare]
perder-se (vr)	perdersi (vr)	['perdersi]
mapa (~ do metrô)	mappa (f)	['mappa]
mapa (~ da cidade)	piantina (f)	[pjan'tina]

lembrança (f), presente (m)	souvenir (m)	[suve'nir]
loja (f) de presentes	negozio (m) di articoli da regalo	[ne'gotsio di ar'tikoli da re'galo]

tirar fotos, fotografar	fare foto	['fare 'foto]
fotografar-se (vr)	fotografarsi	[fotogra'farsi]

TRANSPORTES

23. Aeroporto

aeroporto (m)	aeroporto (m)	[aero'porto]
avião (m)	aereo (m)	[a'ereo]
companhia (f) aérea	compagnia (f) aerea	[kompa'ɲia a'erea]
controlador (m) de tráfego aéreo	controllore (m) di volo	[kontrol'lore di 'volo]
partida (f)	partenza (f)	[par'tentsa]
chegada (f)	arrivo (m)	[ar'rivo]
chegar (vi)	arrivare (vi)	[arri'vare]
hora (f) de partida	ora (f) di partenza	['ora di par'tentsa]
hora (f) de chegada	ora (f) di arrivo	['ora di ar'rivo]
estar atrasado	essere ritardato	['essere ritar'dato]
atraso (m) de voo	volo (m) ritardato	['volo ritar'dato]
painel (m) de informação	tabellone (m) orari	[tabel'lone o'rari]
informação (f)	informazione (f)	[informa'tsjone]
anunciar (vt)	annunciare (vt)	[annun'ʧare]
voo (m)	volo (m)	['volo]
alfândega (f)	dogana (f)	[do'gana]
funcionário (m) da alfândega	doganiere (m)	[doga'njere]
declaração (f) alfandegária	dichiarazione (f)	[dikjara'tsjone]
preencher (vt)	riempire (vt)	[riem'pire]
preencher a declaração	riempire una dichiarazione	[riem'pire 'una dikjara'tsjone]
controle (m) de passaporte	controllo (m) passaporti	[kon'trollo passa'porti]
bagagem (f)	bagaglio (m)	[ba'gaʎʎo]
bagagem (f) de mão	bagaglio (m) a mano	[ba'gaʎʎo a 'mano]
carrinho (m)	carrello (m)	[kar'rello]
pouso (m)	atterraggio (m)	[atter'radʒo]
pista (f) de pouso	pista (f) di atterraggio	['pista di atter'radʒo]
aterrissar (vi)	atterrare (vi)	[atter'rare]
escada (f) de avião	scaletta (f) dell'aereo	[ska'letta dell a'ereo]
check-in (m)	check-in (m)	[ʧek-in]
balcão (m) do check-in	banco (m) del check-in	['banko del ʧek-in]
fazer o check-in	fare il check-in	['fare il ʧek-in]
cartão (m) de embarque	carta (f) d'imbarco	['karta dim'barko]
portão (m) de embarque	porta (f) d'imbarco	['porta dim'barko]
trânsito (m)	transito (m)	['tranzito]
esperar (vi, vt)	aspettare (vt)	[aspet'tare]

sala (f) de espera	sala (f) d'attesa	['sala dat'teza]
despedir-se (acompanhar)	accompagnare (vt)	[akkompa'ɲare]
despedir-se (dizer adeus)	congedarsi (vr)	[kondʒe'darsi]

24. Avião

avião (m)	aereo (m)	[a'ereo]
passagem (f) aérea	biglietto (m) aereo	[biʎ'ʎetto a'ereo]
companhia (f) aérea	compagnia (f) aerea	[kompa'ɲia a'erea]
aeroporto (m)	aeroporto (m)	[aero'porto]
supersônico (adj)	supersonico	[super'soniko]

comandante (m) do avião	comandante (m)	[koman'dante]
tripulação (f)	equipaggio (m)	[ekwi'padʒo]
piloto (m)	pilota (m)	[pi'lota]
aeromoça (f)	hostess (f)	['ostess]
copiloto (m)	navigatore (m)	[naviga'tore]

asas (f pl)	ali (f pl)	['ali]
cauda (f)	coda (f)	['koda]
cabine (f)	cabina (f)	[ka'bina]
motor (m)	motore (m)	[mo'tore]

| trem (m) de pouso | carrello (m) d'atterraggio | [kar'rello datter'radʒo] |
| turbina (f) | turbina (f) | [tur'bina] |

| hélice (f) | elica (f) | ['elika] |
| caixa-preta (f) | scatola (f) nera | ['skatola 'nera] |

| coluna (f) de controle | barra (f) di comando | ['barra di ko'mando] |
| combustível (m) | combustibile (m) | [kombu'stibile] |

instruções (f pl) de segurança	safety card (f)	['sejfti kard]
máscara (f) de oxigênio	maschera (f) ad ossigeno	['maskera ad os'sidʒeno]
uniforme (m)	uniforme (f)	[uni'forme]

| colete (m) salva-vidas | giubbotto (m) di salvataggio | [dʒub'botto di salva'tadʒo] |
| paraquedas (m) | paracadute (m) | [paraka'dute] |

decolagem (f)	decollo (m)	[de'kollo]
descolar (vi)	decollare (vi)	[dekol'lare]
pista (f) de decolagem	pista (f) di decollo	['pista di de'kollo]

| visibilidade (f) | visibilità (f) | [vizibili'ta] |
| voo (m) | volo (m) | ['volo] |

| altura (f) | altitudine (f) | [alti'tudine] |
| poço (m) de ar | vuoto (m) d'aria | [vu'oto 'daria] |

assento (m)	posto (m)	['posto]
fone (m) de ouvido	cuffia (f)	['kuffia]
mesa (f) retrátil	tavolinetto (m) pieghevole	[tavoli'netto pje'gevole]
janela (f)	oblò (m), finestrino (m)	[ob'lo], [fine'strino]
corredor (m)	corridoio (m)	[korri'dojo]

25. Comboio

trem (m)	treno (m)	['treno]
trem (m) elétrico	elettrotreno (m)	[elettro'treno]
trem (m)	treno (m) rapido	['treno 'rapido]
locomotiva (f) diesel	locomotiva (f) diesel	[lokomo'tiva 'dizel]
locomotiva (f) a vapor	locomotiva (f) a vapore	[lokomo'tiva a va'pore]
vagão (f) de passageiros	carrozza (f)	[kar'rottsa]
vagão-restaurante (m)	vagone (m) ristorante	[va'gone risto'rante]
carris (m pl)	rotaie (f pl)	[ro'taje]
estrada (f) de ferro	ferrovia (f)	[ferro'via]
travessa (f)	traversa (f)	[tra'versa]
plataforma (f)	banchina (f)	[baŋ'kina]
linha (f)	binario (m)	[bi'nario]
semáforo (m)	semaforo (m)	[se'maforo]
estação (f)	stazione (f)	[sta'tsjone]
maquinista (m)	macchinista (m)	[makki'nista]
bagageiro (m)	portabagagli (m)	[porta·ba'gaʎʎi]
hospedeiro, -a (m, f)	cuccettista (m, f)	[kutʃet'tista]
passageiro (m)	passeggero (m)	[passe'dʒero]
revisor (m)	controllore (m)	[kontrol'lore]
corredor (m)	corridoio (m)	[korri'dojo]
freio (m) de emergência	freno (m) di emergenza	['freno di emer'dʒentsa]
compartimento (m)	scompartimento (m)	[skomparti'mento]
cama (f)	cuccetta (f)	[ku'tʃetta]
cama (f) de cima	cuccetta (f) superiore	[ku'tʃetta supe'rjore]
cama (f) de baixo	cuccetta (f) inferiore	[ku'tʃetta infe'rjore]
roupa (f) de cama	biancheria (f) da letto	[bjanke'ria da 'letto]
passagem (f)	biglietto (m)	[biʎ'ʎetto]
horário (m)	orario (m)	[o'rario]
painel (m) de informação	tabellone (m) orari	[tabel'lone o'rari]
partir (vt)	partire (vi)	[par'tire]
partida (f)	partenza (f)	[par'tentsa]
chegar (vi)	arrivare (vi)	[arri'vare]
chegada (f)	arrivo (m)	[ar'rivo]
chegar de trem	arrivare con il treno	[arri'vare kon il 'treno]
pegar o trem	salire sul treno	[sa'lire sul 'treno]
descer de trem	scendere dal treno	['ʃendere dal 'treno]
acidente (m) ferroviário	deragliamento (m)	[deraʎʎa'mento]
descarrilar (vi)	deragliare (vi)	[deraʎ'ʎare]
locomotiva (f) a vapor	locomotiva (f) a vapore	[lokomo'tiva a va'pore]
foguista (m)	fuochista (m)	[fo'kista]
fornalha (f)	forno (m)	['forno]
carvão (m)	carbone (m)	[kar'bone]

26. Barco

navio (m)	nave (f)	['nave]
embarcação (f)	imbarcazione (f)	[imbarka'tsjone]
barco (m) a vapor	piroscafo (m)	[pi'roskafo]
barco (m) fluvial	barca (f) fluviale	['barka flu'vjale]
transatlântico (m)	transatlantico (m)	[transat'lantiko]
cruzeiro (m)	incrociatore (m)	[inkrotʃa'tore]
iate (m)	yacht (m)	[jot]
rebocador (m)	rimorchiatore (m)	[rimorkja'tore]
barcaça (f)	chiatta (f)	['kjatta]
ferry (m)	traghetto (m)	[tra'getto]
veleiro (m)	veliero (m)	[ve'ljero]
bergantim (m)	brigantino (m)	[brigan'tino]
quebra-gelo (m)	rompighiaccio (m)	[rompi'gjatʃo]
submarino (m)	sottomarino (m)	[sottoma'rino]
bote, barco (m)	barca (f)	['barka]
baleeira (bote salva-vidas)	scialuppa (f)	[ʃa'luppa]
bote (m) salva-vidas	scialuppa (f) di salvataggio	[ʃa'luppa di salva'tadʒo]
lancha (f)	motoscafo (m)	[moto'skafo]
capitão (m)	capitano (m)	[kapi'tano]
marinheiro (m)	marittimo (m)	[ma'rittimo]
marujo (m)	marinaio (m)	[mari'najo]
tripulação (f)	equipaggio (m)	[ekwi'padʒo]
contramestre (m)	nostromo (m)	[no'stromo]
grumete (m)	mozzo (m) di nave	['mottso di 'nave]
cozinheiro (m) de bordo	cuoco (m)	[ku'oko]
médico (m) de bordo	medico (m) di bordo	['mediko di 'bordo]
convés (m)	ponte (m)	['ponte]
mastro (m)	albero (m)	['albero]
vela (f)	vela (f)	['vela]
porão (m)	stiva (f)	['stiva]
proa (f)	prua (f)	['prua]
popa (f)	poppa (f)	['poppa]
remo (m)	remo (m)	['remo]
hélice (f)	elica (f)	['elika]
cabine (m)	cabina (f)	[ka'bina]
sala (f) dos oficiais	quadrato (m) degli ufficiali	[kwa'drato 'deʎʎi uffi'tʃali]
sala (f) das máquinas	sala (f) macchine	['sala 'makkine]
ponte (m) de comando	ponte (m) di comando	['ponte di ko'mando]
sala (f) de comunicações	cabina (f) radiotelegrafica	[ka'bina radiotele'grafika]
onda (f)	onda (f)	['onda]
diário (m) de bordo	giornale (m) di bordo	[dʒor'nale di 'bordo]
luneta (f)	cannocchiale (m)	[kannok'kjale]
sino (m)	campana (f)	[kam'pana]

bandeira (f)	bandiera (f)	[ban'djera]
cabo (m)	cavo (m) d'ormeggio	['kavo dor'medʒo]
nó (m)	nodo (m)	['nodo]

| corrimão (m) | ringhiera (f) | [rin'gjera] |
| prancha (f) de embarque | passerella (f) | [passe'rella] |

âncora (f)	ancora (f)	['ankora]
recolher a âncora	levare l'ancora	[le'vare 'lankora]
jogar a âncora	gettare l'ancora	[dʒet'tare 'lankora]
amarra (corrente de âncora)	catena (f) dell'ancora	[ka'tena dell 'ankora]

porto (m)	porto (m)	['porto]
cais, amarradouro (m)	banchina (f)	[baŋ'kina]
atracar (vi)	ormeggiarsi (vr)	[orme'dʒarsi]
desatracar (vi)	salpare (vi)	[sal'pare]

viagem (f)	viaggio (m)	['vjadʒo]
cruzeiro (m)	crociera (f)	[kro'tʃera]
rumo (m)	rotta (f)	['rotta]
itinerário (m)	itinerario (m)	[itine'rario]

canal (m) de navegação	tratto (m) navigabile	['tratto navi'gabile]
banco (m) de areia	secca (f)	['sekka]
encalhar (vt)	arenarsi (vr)	[are'narsi]

tempestade (f)	tempesta (f)	[tem'pesta]
sinal (m)	segnale (m)	[se'ɲale]
afundar-se (vr)	affondare (vi)	[affon'dare]
Homem ao mar!	Uomo in mare!	[u'omo in 'mare]
SOS	SOS	['esse o 'esse]
boia (f) salva-vidas	salvagente (m) anulare	[salva'dʒente anu'lare]

CIDADE

27. Transportes urbanos

ônibus (m)	autobus (m)	['autobus]
bonde (m) elétrico	tram (m)	[tram]
trólebus (m)	filobus (m)	['filobus]
rota (f), itinerário (m)	itinerario (m)	[itine'rario]
número (m)	numero (m)	['numero]
ir de ... (carro, etc.)	andare in ...	[an'dare in]
entrar no ...	salire su ...	[sa'lire su]
descer do ...	scendere da ...	['ʃendere da]
parada (f)	fermata (f)	[fer'mata]
próxima parada (f)	prossima fermata (f)	['prossima fer'mata]
terminal (m)	capolinea (m)	[kapo'linea]
horário (m)	orario (m)	[o'rario]
esperar (vt)	aspettare (vt)	[aspet'tare]
passagem (f)	biglietto (m)	[biʎ'ʎetto]
tarifa (f)	prezzo (m) del biglietto	['prettso del biʎ'ʎetto]
bilheteiro (m)	cassiere (m)	[kas'sjere]
controle (m) de passagens	controllo (m) dei biglietti	[kon'trollo dei biʎ'ʎeti]
revisor (m)	bigliettaio (m)	[biʎʎet'tajo]
atrasar-se (vr)	essere in ritardo	['essere in ri'tardo]
perder (o autocarro, etc.)	perdere (vt)	['perdere]
estar com pressa	avere fretta	[a'vere 'fretta]
táxi (m)	taxi (m)	['taksi]
taxista (m)	taxista (m)	[ta'ksista]
de táxi (ir ~)	in taxi	[in 'taksi]
ponto (m) de táxis	parcheggio (m) di taxi	[par'kedʒo di 'taksi]
chamar um táxi	chiamare un taxi	[kja'mare un 'taksi]
pegar um táxi	prendere un taxi	['prendere un 'taksi]
tráfego (m)	traffico (m)	['traffiko]
engarrafamento (m)	ingorgo (m)	[in'gorgo]
horas (f pl) de pico	ore (f pl) di punta	['ore di 'punta]
estacionar (vi)	parcheggiarsi (vr)	[parke'dʒarsi]
estacionar (vt)	parcheggiare (vt)	[parke'dʒare]
parque (m) de estacionamento	parcheggio (m)	[par'kedʒo]
metrô (m)	metropolitana (f)	[metropoli'tana]
estação (f)	stazione (f)	[sta'tsjone]
ir de metrô	prendere la metropolitana	['prendere la metropoli'tana]
trem (m)	treno (m)	['treno]
estação (f) de trem	stazione (f) ferroviaria	[sta'tsjone ferro'vjaria]

28. Cidade. Vida na cidade

cidade (f)	città (f)	[ʧit'ta]
capital (f)	capitale (f)	[kapi'tale]
aldeia (f)	villaggio (m)	[vil'ladʒo]
mapa (m) da cidade	mappa (f) della città	['mappa 'della ʧit'ta]
centro (m) da cidade	centro (m) della città	['ʧentro 'della ʧit'ta]
subúrbio (m)	sobborgo (m)	[sob'borgo]
suburbano (adj)	suburbano	[subur'bano]
periferia (f)	periferia (f)	[perife'ria]
arredores (m pl)	dintorni (m pl)	[din'torni]
quarteirão (m)	isolato (m)	[izo'lato]
quarteirão (m) residencial	quartiere (m) residenziale	[kwar'tjere reziden'tsjale]
tráfego (m)	traffico (m)	['traffiko]
semáforo (m)	semaforo (m)	[se'maforo]
transporte (m) público	trasporti (m pl) urbani	[tras'porti ur'bani]
cruzamento (m)	incrocio (m)	[in'kroʧo]
faixa (f)	passaggio (m) pedonale	[pas'sadʒo pedo'nale]
túnel (m) subterrâneo	sottopassaggio (m)	[sotto·pas'sadʒo]
cruzar, atravessar (vt)	attraversare (vt)	[attraver'sare]
pedestre (m)	pedone (m)	[pe'done]
calçada (f)	marciapiede (m)	[marʧa'pjede]
ponte (f)	ponte (m)	['ponte]
margem (f) do rio	banchina (f)	[baŋ'kina]
fonte (f)	fontana (f)	[fon'tana]
alameda (f)	vialetto (m)	[via'letto]
parque (m)	parco (m)	['parko]
bulevar (m)	boulevard (m)	[bul'var]
praça (f)	piazza (f)	['pjattsa]
avenida (f)	viale (m), corso (m)	[vi'ale], ['korso]
rua (f)	via (f), strada (f)	['via], ['strada]
travessa (f)	vicolo (m)	['vikolo]
beco (m) sem saída	vicolo (m) cieco	['vikolo 'ʧjeko]
casa (f)	casa (f)	['kaza]
edifício, prédio (m)	edificio (m)	[edi'fiʧo]
arranha-céu (m)	grattacielo (m)	[gratta'ʧelo]
fachada (f)	facciata (f)	[fa'ʧata]
telhado (m)	tetto (m)	['tetto]
janela (f)	finestra (f)	[fi'nestra]
arco (m)	arco (m)	['arko]
coluna (f)	colonna (f)	[ko'lonna]
esquina (f)	angolo (m)	['angolo]
vitrine (f)	vetrina (f)	[ve'trina]
letreiro (m)	insegna (f)	[in'seɲa]
cartaz (do filme, etc.)	cartellone (m)	[kartel'lone]
cartaz (m) publicitário	cartellone (m) pubblicitario	[kartel'lone pubbliʧi'tario]

painel (m) publicitário	tabellone (m) pubblicitario	[tabel'lone pubblitʃi'tario]
lixo (m)	pattume (m), spazzatura (f)	[pat'tume], [spattsa'tura]
lata (f) de lixo	pattumiera (f)	[pattu'mjera]
jogar lixo na rua	sporcare (vi)	[spor'kare]
aterro (m) sanitário	discarica (f) di rifiuti	[dis'karika di ri'fjuti]

orelhão (m)	cabina (f) telefonica	[ka'bina tele'fonika]
poste (m) de luz	lampione (m)	[lam'pjone]
banco (m)	panchina (f)	[paŋ'kina]

polícia (m)	poliziotto (m)	[poli'tsjotto]
polícia (instituição)	polizia (f)	[poli'tsia]
mendigo, pedinte (m)	mendicante (m)	[mendi'kante]
desabrigado (m)	barbone (m)	[bar'bone]

29. Instituições urbanas

loja (f)	negozio (m)	[ne'gotsio]
drogaria (f)	farmacia (f)	[farma'tʃia]
ótica (f)	ottica (f)	['ottika]
centro (m) comercial	centro (m) commerciale	['tʃentro kommer'tʃale]
supermercado (m)	supermercato (m)	[supermer'kato]

padaria (f)	panetteria (f)	[panette'ria]
padeiro (m)	fornaio (m)	[for'najo]
pastelaria (f)	pasticceria (f)	[pastitʃe'ria]
mercearia (f)	drogheria (f)	[droge'ria]
açougue (m)	macelleria (f)	[matʃelle'ria]

| fruteira (f) | fruttivendolo (m) | [frutti'vendolo] |
| mercado (m) | mercato (m) | [mer'kato] |

cafeteria (f)	caffè (m)	[kaf'fe]
restaurante (m)	ristorante (m)	[risto'rante]
bar (m)	birreria (f), pub (m)	[birre'ria], [pab]
pizzaria (f)	pizzeria (f)	[pittse'ria]

salão (m) de cabeleireiro	salone (m) di parrucchiere	[sa'lone di parruk'kjere]
agência (f) dos correios	ufficio (m) postale	[uf'fitʃo po'stale]
lavanderia (f)	lavanderia (f) a secco	[lavande'ria a 'sekko]
estúdio (m) fotográfico	studio (m) fotografico	['studio foto'grafiko]

sapataria (f)	negozio (m) di scarpe	[ne'gotsio di 'skarpe]
livraria (f)	libreria (f)	[libre'ria]
loja (f) de artigos esportivos	negozio (m) sportivo	[ne'gotsio spor'tivo]

costureira (m)	riparazione (f) di abiti	[ripara'tsjone di 'abiti]
aluguel (m) de roupa	noleggio (m) di abiti	[no'ledʒo di 'abiti]
videolocadora (f)	noleggio (m) di film	[no'ledʒo di film]

circo (m)	circo (m)	['tʃirko]
jardim (m) zoológico	zoo (m)	['dzoo]
cinema (m)	cinema (m)	['tʃinema]
museu (m)	museo (m)	[mu'zeo]

biblioteca (f)	biblioteca (f)	[biblio'teka]
teatro (m)	teatro (m)	[te'atro]
ópera (f)	teatro (m) dell'opera	[te'atro dell 'opera]
boate (casa noturna)	locale notturno (m)	[lo'kale not'turno]
cassino (m)	casinò (m)	[kazi'no]

mesquita (f)	moschea (f)	[mos'kea]
sinagoga (f)	sinagoga (f)	[sina'goga]
catedral (f)	cattedrale (f)	[katte'drale]
templo (m)	tempio (m)	['tempjo]
igreja (f)	chiesa (f)	['kjeza]

faculdade (f)	istituto (m)	[isti'tuto]
universidade (f)	università (f)	[universi'ta]
escola (f)	scuola (f)	['skwola]

prefeitura (f)	prefettura (f)	[prefet'tura]
câmara (f) municipal	municipio (m)	[muni'tʃipio]
hotel (m)	albergo (m)	[al'bergo]
banco (m)	banca (f)	['banka]

embaixada (f)	ambasciata (f)	[amba'ʃata]
agência (f) de viagens	agenzia (f) di viaggi	[adʒen'tsia di 'vjadʒi]
agência (f) de informações	ufficio (m) informazioni	[uf'fitʃo informa'tsjoni]
casa (f) de câmbio	ufficio (m) dei cambi	[uf'fitʃo dei 'kambi]

| metrô (m) | metropolitana (f) | [metropoli'tana] |
| hospital (m) | ospedale (m) | [ospe'dale] |

| posto (m) de gasolina | distributore (m) di benzina | [distribu'tore di ben'dzina] |
| parque (m) de estacionamento | parcheggio (m) | [par'kedʒo] |

30. Sinais

letreiro (m)	insegna (f)	[in'seɲa]
aviso (m)	iscrizione (f)	[iskri'tsjone]
cartaz, pôster (m)	cartellone (m)	[kartel'lone]
placa (f) de direção	segnale (m) di direzione	[se'ɲale di dire'tsjone]
seta (f)	freccia (f)	['fretʃa]

aviso (advertência)	avvertimento (m)	[avverti'mento]
sinal (m) de aviso	avvertimento (m)	[avverti'mento]
avisar, advertir (vt)	avvertire (vt)	[avver'tire]

dia (m) de folga	giorno (m) di riposo	['dʒorno di ri'pozo]
horário (~ dos trens, etc.)	orario (m)	[o'rario]
horário (m)	orario (m) di apertura	[o'rario di aper'tura]

BEM-VINDOS!	BENVENUTI!	[benve'nuti]
ENTRADA	ENTRATA	[en'trata]
SAÍDA	USCITA	[u'ʃita]

| EMPURRE | SPINGERE | ['spindʒere] |
| PUXE | TIRARE | [ti'rare] |

| ABERTO | APERTO | [a'perto] |
| FECHADO | CHIUSO | ['kjuzo] |

| MULHER | DONNE | ['donne] |
| HOMEM | UOMINI | [u'omini] |

DESCONTOS	SCONTI	['skonti]
SALDOS, PROMOÇÃO	SALDI	['saldi]
NOVIDADE!	NOVITÀ!	[novi'ta]
GRÁTIS	GRATIS	['gratis]

ATENÇÃO!	ATTENZIONE!	[atten'tsjone]
NÃO HÁ VAGAS	COMPLETO	[kom'pleto]
RESERVADO	RISERVATO	[rizer'vato]

ADMINISTRAÇÃO	AMMINISTRAZIONE	[amministra'tsjone]
SOMENTE PESSOAL	RISERVATO	[rizer'vato
AUTORIZADO	AL PERSONALE	al perso'nale]

CUIDADO CÃO FEROZ	ATTENTI AL CANE	[at'tenti al 'kane]
PROIBIDO FUMAR!	VIETATO FUMARE!	[vje'tato fu'mare]
NÃO TOCAR	NON TOCCARE	[non tok'kare]

PERIGOSO	PERICOLOSO	[periko'lozo]
PERIGO	PERICOLO	[pe'rikolo]
ALTA TENSÃO	ALTA TENSIONE	['alta ten'sjone]
PROIBIDO NADAR	DIVIETO DI BALNEAZIONE	[di'vjeto di balnea'tsjone]
COM DEFEITO	GUASTO	['gwasto]

INFLAMÁVEL	INFIAMMABILE	[infjam'mabile]
PROIBIDO	VIETATO	[vje'tato]
ENTRADA PROIBIDA	VIETATO L'INGRESSO	[vje'tato lin'greso]
CUIDADO TINTA FRESCA	VERNICE FRESCA	[ver'nitʃe 'freska]

31. Compras

comprar (vt)	comprare (vt)	[kom'prare]
compra (f)	acquisto (m)	[a'kwisto]
fazer compras	fare acquisti	['fare a'kwisti]
compras (f pl)	shopping (m)	['ʃopping]

| estar aberta (loja) | essere aperto | ['essere a'perto] |
| estar fechada | essere chiuso | ['essere 'kjuzo] |

calçado (m)	calzature (f pl)	[kaltsa'ture]
roupa (f)	abbigliamento (m)	[abbiʎʎa'mento]
cosméticos (m pl)	cosmetica (f)	[ko'zmetika]
alimentos (m pl)	alimentari (m pl)	[alimen'tari]
presente (m)	regalo (m)	[re'galo]

vendedor (m)	commesso (m)	[kom'messo]
vendedora (f)	commessa (f)	[kom'messa]
caixa (f)	cassa (f)	['kassa]
espelho (m)	specchio (m)	['spekkio]

balcão (m)	**banco** (m)	['banko]
provador (m)	**camerino** (m)	[kame'rino]
provar (vt)	**provare** (vt)	[pro'vare]
servir (roupa, caber)	**stare bene**	['stare 'bene]
gostar (apreciar)	**piacere** (vi)	[pja'tʃere]
preço (m)	**prezzo** (m)	['prettso]
etiqueta (f) de preço	**etichetta** (f) **del prezzo**	[eti'ketta del 'prettso]
custar (vt)	**costare** (vt)	[ko'stare]
Quanto?	**Quanto?**	['kwanto]
desconto (m)	**sconto** (m)	['skonto]
não caro (adj)	**no muy caro**	[no muj 'karo]
barato (adj)	**a buon mercato**	[a bu'on mer'kato]
caro (adj)	**caro**	['karo]
É caro	**È caro**	[e 'karo]
aluguel (m)	**noleggio** (m)	[no'ledʒo]
alugar (roupas, etc.)	**noleggiare** (vt)	[nole'dʒare]
crédito (m)	**credito** (m)	['kredito]
a crédito	**a credito**	[a 'kredito]

VESTUÁRIO & ACESSÓRIOS

32. Roupa exterior. Casacos

roupa (f)	vestiti (m pl)	[ve'stiti]
roupa (f) exterior	soprabito (m)	[so'prabito]
roupa (f) de inverno	abiti (m pl) invernali	['abiti inver'nali]
sobretudo (m)	cappotto (m)	[kap'potto]
casaco (m) de pele	pelliccia (f)	[pel'litʃa]
jaqueta (f) de pele	pellicciotto (m)	[pelli'tʃotto]
casaco (m) acolchoado	piumino (m)	[pju'mino]
casaco (m), jaqueta (f)	giubbotto (m), giaccha (f)	[dʒub'botto], ['dʒakka]
impermeável (m)	impermeabile (m)	[imperme'abile]
a prova d'água	impermeabile	[imperme'abile]

33. Vestuário de homem & mulher

camisa (f)	camicia (f)	[ka'mitʃa]
calça (f)	pantaloni (m pl)	[panta'loni]
jeans (m)	jeans (m pl)	['dʒins]
paletó, terno (m)	giacca (f)	['dʒakka]
terno (m)	abito (m) da uomo	['abito da u'omo]
vestido (ex. ~ de noiva)	abito (m)	['abito]
saia (f)	gonna (f)	['gonna]
blusa (f)	camicetta (f)	[kami'tʃetta]
casaco (m) de malha	giacca (f) a maglia	['dʒakka a 'maʎʎa]
casaco, blazer (m)	giacca (f) tailleur	['dʒakka ta'jer]
camiseta (f)	maglietta (f)	[maʎ'ʎetta]
short (m)	pantaloni (m pl) corti	[panta'loni 'korti]
training (m)	tuta (f) sportiva	['tuta spor'tiva]
roupão (m) de banho	accappatoio (m)	[akkappa'tojo]
pijama (m)	pigiama (m)	[pi'dʒama]
suéter (m)	maglione (m)	[maʎ'ʎone]
pulôver (m)	pullover (m)	[pul'lover]
colete (m)	gilè (m)	[dʒi'le]
fraque (m)	frac (m)	[frak]
smoking (m)	smoking (m)	['zmoking]
uniforme (m)	uniforme (f)	[uni'forme]
roupa (f) de trabalho	tuta (f) da lavoro	['tuta da la'voro]
macacão (m)	salopette (f)	[salo'pett]
jaleco (m), bata (f)	camice (m)	[ka'mitʃe]

34. Vestuário. Roupa interior

roupa (f) íntima	intimo (m)	['intimo]
cueca boxer (f)	boxer briefs (m)	['bokser brifs]
calcinha (f)	mutandina (f)	[mutan'dina]
camiseta (f)	maglietta (f) intima	[maʎ'ʎetta 'intima]
meias (f pl)	calzini (m pl)	[kal'tsini]
camisola (f)	camicia (f) da notte	[ka'mitʃa da 'notte]
sutiã (m)	reggiseno (m)	[redʒi'seno]
meias longas (f pl)	calzini (m pl) alti	[kal'tsini 'alti]
meias-calças (f pl)	collant (m)	[kol'lant]
meias (~ de nylon)	calze (f pl)	['kaltse]
maiô (m)	costume (m) da bagno	[ko'stume da 'baɲo]

35. Adereços de cabeça

chapéu (m), touca (f)	cappello (m)	[kap'pello]
chapéu (m) de feltro	cappello (m) di feltro	[kap'pello di feltro]
boné (m) de beisebol	cappello (m) da baseball	[kap'pello da 'bejzbol]
boina (~ italiana)	coppola (f)	['koppola]
boina (ex. ~ basca)	basco (m)	['basko]
capuz (m)	cappuccio (m)	[kap'putʃo]
chapéu panamá (m)	panama (m)	['panama]
touca (f)	berretto (m) a maglia	[ber'retto a 'maʎʎa]
lenço (m)	fazzoletto (m) da capo	[fattso'letto da 'kapo]
chapéu (m) feminino	cappellino (m) donna	[kappel'lino 'donna]
capacete (m) de proteção	casco (m)	['kasko]
bibico (m)	bustina (f)	[bu'stina]
capacete (m)	casco (m)	['kasko]
chapéu-coco (m)	bombetta (f)	[bom'betta]
cartola (f)	cilindro (m)	[tʃi'lindro]

36. Calçado

calçado (m)	calzature (f pl)	[kaltsa'ture]
botinas (f pl), sapatos (m pl)	stivaletti (m pl)	[stiva'letti]
sapatos (de salto alto, etc.)	scarpe (f pl)	['skarpe]
botas (f pl)	stivali (m pl)	[sti'vali]
pantufas (f pl)	pantofole (f pl)	[pan'tofole]
tênis (~ Nike, etc.)	scarpe (f pl) da tennis	['skarpe da 'tennis]
tênis (~ Converse)	scarpe (f pl) da ginnastica	['skarpe da dʒin'nastika]
sandálias (f pl)	sandali (m pl)	['sandali]
sapateiro (m)	calzolaio (m)	[kaltso'lajo]
salto (m)	tacco (m)	['takko]

par (m)	paio (m)	['pajo]
cadarço (m)	laccio (m)	['latʃo]
amarrar os cadarços	allacciare (vt)	[ala'tʃare]
calçadeira (f)	calzascarpe (m)	[kaltsa'skarpe]
graxa (f) para calçado	lucido (m) per le scarpe	['lutʃido per le 'skarpe]

37. Acessórios pessoais

luva (f)	guanti (m pl)	['gwanti]
mitenes (f pl)	manopole (f pl)	[ma'nopole]
cachecol (m)	sciarpa (f)	['ʃarpa]
óculos (m pl)	occhiali (m pl)	[ok'kjali]
armação (f)	montatura (f)	[monta'tura]
guarda-chuva (m)	ombrello (m)	[om'brello]
bengala (f)	bastone (m)	[ba'stone]
escova (f) para o cabelo	spazzola (f) per capelli	['spattsola per ka'pelli]
leque (m)	ventaglio (m)	[ven'taʎʎo]
gravata (f)	cravatta (f)	[kra'vatta]
gravata-borboleta (f)	cravatta (f) a farfalla	[kra'vatta a far'falla]
suspensórios (m pl)	bretelle (f pl)	[bre'telle]
lenço (m)	fazzoletto (m)	[fattso'letto]
pente (m)	pettine (m)	['pettine]
fivela (f) para cabelo	fermaglio (m)	[fer'maʎʎo]
grampo (m)	forcina (f)	[for'tʃina]
fivela (f)	fibbia (f)	['fibbia]
cinto (m)	cintura (f)	[tʃin'tura]
alça (f) de ombro	spallina (f)	[spal'lina]
bolsa (f)	borsa (f)	['borsa]
bolsa (feminina)	borsetta (f)	[bor'setta]
mochila (f)	zaino (m)	['dzajno]

38. Vestuário. Diversos

moda (f)	moda (f)	['moda]
na moda (adj)	di moda	[di 'moda]
estilista (m)	stilista (m)	[sti'lista]
colarinho (m)	collo (m)	['kollo]
bolso (m)	tasca (f)	['taska]
de bolso	tascabile	[ta'skabile]
manga (f)	manica (f)	['manika]
ganchinho (m)	asola (f) per appendere	['azola per ap'pendere]
bragueta (f)	patta (f)	['patta]
zíper (m)	cerniera (f) lampo	[tʃer'njera 'lampo]
colchete (m)	chiusura (f)	[kju'zura]
botão (m)	bottone (m)	[bot'tone]

botoeira (casa de botão)	occhiello (m)	[ok'kjello]
soltar-se (vr)	staccarsi (vr)	[stak'karsi]
costurar (vi)	cucire (vi, vt)	[ku'tʃire]
bordar (vt)	ricamare (vi, vt)	[rika'mare]
bordado (m)	ricamo (m)	[ri'kamo]
agulha (f)	ago (m)	['ago]
fio, linha (f)	filo (m)	['filo]
costura (f)	cucitura (f)	[kutʃi'tura]
sujar-se (vr)	sporcarsi (vr)	[spor'karsi]
mancha (f)	macchia (f)	['makkia]
amarrotar-se (vr)	sgualcirsi (vr)	[zgwal'tʃirsi]
rasgar (vt)	strappare (vt)	[strap'pare]
traça (f)	tarma (f)	['tarma]

39. Cuidados pessoais. Cosméticos

pasta (f) de dente	dentifricio (m)	[denti'fritʃo]
escova (f) de dente	spazzolino (m) da denti	[spatso'lino da 'denti]
escovar os dentes	lavarsi i denti	[la'varsi i 'denti]
gilete (f)	rasoio (m)	[ra'zojo]
creme (m) de barbear	crema (f) da barba	['krema da 'barba]
barbear-se (vr)	rasarsi (vr)	[ra'zarsi]
sabonete (m)	sapone (m)	[sa'pone]
xampu (m)	shampoo (m)	['ʃampo]
tesoura (f)	forbici (f pl)	['forbitʃi]
lixa (f) de unhas	limetta (f)	[li'metta]
corta-unhas (m)	tagliaunghie (m)	[taʎʎa'ungje]
pinça (f)	pinzette (f pl)	[pin'tsette]
cosméticos (m pl)	cosmetica (f)	[ko'zmetika]
máscara (f)	maschera (f) di bellezza	['maskera di bel'lettsa]
manicure (f)	manicure (m)	[mani'kure]
fazer as unhas	fare la manicure	['fare la mani'kure]
pedicure (f)	pedicure (m)	[pedi'kure]
bolsa (f) de maquiagem	borsa (f) del trucco	['borsa del 'trukko]
pó (de arroz)	cipria (f)	['tʃipria]
pó (m) compacto	portacipria (m)	[porta·'tʃipria]
blush (m)	fard (m)	[far]
perfume (m)	profumo (m)	[pro'fumo]
água-de-colônia (f)	acqua (f) da toeletta	['akwa da toe'letta]
loção (f)	lozione (f)	[lo'tsjone]
colônia (f)	acqua (f) di Colonia	['akwa di ko'lonia]
sombra (f) de olhos	ombretto (m)	[om'bretto]
delineador (m)	eyeliner (m)	[aj'lajner]
máscara (f), rímel (m)	mascara (m)	[ma'skara]
batom (m)	rossetto (m)	[ros'setto]

esmalte (m)	smalto (m)	['zmalto]
laquê (m), spray fixador (m)	lacca (f) per capelli	['lakka per ka'pelli]
desodorante (m)	deodorante (m)	[deodo'rante]
creme (m)	crema (f)	['krema]
creme (m) de rosto	crema (f) per il viso	['krema per il 'vizo]
creme (m) de mãos	crema (f) per le mani	['krema per le 'mani]
creme (m) antirrugas	crema (f) antirughe	['krema anti'ruge]
creme (m) de dia	crema (f) da giorno	['krema da 'dʒorno]
creme (m) de noite	crema (f) da notte	['krema da 'notte]
de dia	da giorno	[da 'dʒorno]
da noite	da notte	[da 'notte]
absorvente (m) interno	tampone (m)	[tam'pone]
papel (m) higiênico	carta (f) igienica	['karta i'dʒenika]
secador (m) de cabelo	fon (m)	[fon]

40. Relógios de pulso. Relógios

relógio (m) de pulso	orologio (m)	[oro'lodʒo]
mostrador (m)	quadrante (m)	[kwa'drante]
ponteiro (m)	lancetta (f)	[lan'tʃetta]
bracelete (em aço)	braccialetto (m)	[bratʃa'letto]
bracelete (em couro)	cinturino (m)	[tʃintu'rino]
pilha (f)	pila (f)	['pila]
acabar (vi)	essere scarico	['essere 'skariko]
trocar a pilha	cambiare la pila	[kam'bjare la 'pila]
estar adiantado	andare avanti	[an'dare a'vanti]
estar atrasado	andare indietro	[an'dare in'djetro]
relógio (m) de parede	orologio (m) da muro	[oro'lodʒo da 'muro]
ampulheta (f)	clessidra (f)	['klessidra]
relógio (m) de sol	orologio (m) solare	[oro'lodʒo so'lare]
despertador (m)	sveglia (f)	['zveʎʎa]
relojoeiro (m)	orologiaio (m)	[orolo'dʒajo]
reparar (vt)	riparare (vt)	[ripa'rare]

EXPERIÊNCIA DO QUOTIDIANO

41. Dinheiro

dinheiro (m)	**soldi** (m pl)	['soldi]
câmbio (m)	**cambio** (m)	['kambio]
taxa (f) de câmbio	**corso** (m) **di cambio**	['korso di 'kambio]
caixa (m) eletrônico	**bancomat** (m)	['bankomat]
moeda (f)	**moneta** (f)	[mo'neta]
dólar (m)	**dollaro** (m)	['dollaro]
euro (m)	**euro** (m)	['euro]
lira (f)	**lira** (f)	['lira]
marco (m)	**marco** (m)	['marko]
franco (m)	**franco** (m)	['franko]
libra (f) esterlina	**sterlina** (f)	[ster'lina]
iene (m)	**yen** (m)	[jen]
dívida (f)	**debito** (m)	['debito]
devedor (m)	**debitore** (m)	[debi'tore]
emprestar (vt)	**prestare** (vt)	[pre'stare]
pedir emprestado	**prendere in prestito**	['prendere in 'prestito]
banco (m)	**banca** (f)	['banka]
conta (f)	**conto** (m)	['konto]
depositar na conta	**versare sul conto**	[ver'sare sul 'konto]
sacar (vt)	**prelevare dal conto**	[prele'vare dal 'konto]
cartão (m) de crédito	**carta** (f) **di credito**	['karta di 'kredito]
dinheiro (m) vivo	**contanti** (m pl)	[kon'tanti]
cheque (m)	**assegno** (m)	[as'seɲo]
passar um cheque	**emettere un assegno**	[e'mettere un as'seɲo]
talão (m) de cheques	**libretto** (m) **di assegni**	[li'bretto di as'seɲi]
carteira (f)	**portafoglio** (m)	[porta·'foʎʎo]
niqueleira (f)	**borsellino** (m)	[borsel'lino]
cofre (m)	**cassaforte** (f)	[kassa'forte]
herdeiro (m)	**erede** (m)	[e'rede]
herança (f)	**eredità** (f)	[eredi'ta]
fortuna (riqueza)	**fortuna** (f)	[for'tuna]
arrendamento (m)	**affitto** (m)	[af'fitto]
aluguel (pagar o ~)	**affitto** (m)	[af'fitto]
alugar (vt)	**affittare** (vt)	[affit'tare]
preço (m)	**prezzo** (m)	['prettso]
custo (m)	**costo** (m), **prezzo** (m)	['kosto], ['prettso]
soma (f)	**somma** (f)	['somma]

gastar (vt)	spendere (vt)	['spendere]
gastos (m pl)	spese (f pl)	['speze]
economizar (vi)	economizzare (vi, vt)	[ekonomid'dzare]
econômico (adj)	economico	[eko'nomiko]

pagar (vt)	pagare (vi, vt)	[pa'gare]
pagamento (m)	pagamento (m)	[paga'mento]
troco (m)	resto (m)	['resto]

imposto (m)	imposta (f)	[im'posta]
multa (f)	multa (f), ammenda (f)	['multa], [am'menda]
multar (vt)	multare (vt)	[mul'tare]

42. Correios. Serviço postal

agência (f) dos correios	posta (f), ufficio (m) postale	['posta], [uf'fitʃo po'stale]
correio (m)	posta (f)	['posta]
carteiro (m)	postino (m)	[po'stino]
horário (m)	orario (m) di apertura	[o'rario di aper'tura]

carta (f)	lettera (f)	['lettera]
carta (f) registada	raccomandata (f)	[rakkoman'data]
cartão (m) postal	cartolina (f)	[karto'lina]
telegrama (m)	telegramma (m)	[tele'gramma]
encomenda (f)	pacco (m) postale	['pakko po'stale]
transferência (f) de dinheiro	vaglia (m) postale	['vaʎʎa po'stale]

receber (vt)	ricevere (vt)	[ri'tʃevere]
enviar (vt)	spedire (vt)	[spe'dire]
envio (m)	invio (m)	[in'vio]

endereço (m)	indirizzo (m)	[indi'rittso]
código (m) postal	codice (m) postale	['koditʃe po'stale]
remetente (m)	mittente (m)	[mit'tente]
destinatário (m)	destinatario (m)	[destina'tario]

nome (m)	nome (m)	['nome]
sobrenome (m)	cognome (m)	[ko'ɲome]

tarifa (f)	tariffa (f)	[ta'riffa]
ordinário (adj)	ordinario	[ordi'nario]
econômico (adj)	standard	['standar]

peso (m)	peso (m)	['pezo]
pesar (estabelecer o peso)	pesare (vt)	[pe'zare]
envelope (m)	busta (f)	['busta]
selo (m) postal	francobollo (m)	[franko'bollo]

43. Banca

banco (m)	banca (f)	['banka]
balcão (f)	filiale (f)	[fi'ljale]

| consultor (m) bancário | consulente (m) | [konsu'lente] |
| gerente (m) | direttore (m) | [diret'tore] |

conta (f)	conto (m) bancario	['konto ban'kario]
número (m) da conta	numero (m) del conto	['numero del 'konto]
conta (f) corrente	conto (m) corrente	['konto kor'rente]
conta (f) poupança	conto (m) di risparmio	['konto di ris'parmio]

abrir uma conta	aprire un conto	[a'prire un 'konto]
fechar uma conta	chiudere il conto	['kjudere il 'konto]
depositar na conta	versare sul conto	[ver'sare sul 'konto]
sacar (vt)	prelevare dal conto	[prele'vare dal 'konto]

depósito (m)	deposito (m)	[de'pozito]
fazer um depósito	depositare (vt)	[depozi'tare]
transferência (f) bancária	trasferimento (m) telegrafico	[trasferi'mento tele'grafiko]
transferir (vt)	rimettere i soldi	[ri'mettere i 'soldi]

| soma (f) | somma (f) | ['somma] |
| Quanto? | Quanto? | ['kwanto] |

| assinatura (f) | firma (f) | ['firma] |
| assinar (vt) | firmare (vt) | [fir'mare] |

cartão (m) de crédito	carta (f) di credito	['karta di 'kredito]
senha (f)	codice (m)	['koditʃe]
número (m) do cartão de crédito	numero (m) della carta di credito	['numero 'della 'karta di 'kredito]
caixa (m) eletrônico	bancomat (m)	['bankomat]

cheque (m)	assegno (m)	[as'seɲo]
passar um cheque	emettere un assegno	[e'mettere un as'seɲo]
talão (m) de cheques	libretto (m) di assegni	[li'bretto di as'seɲi]

empréstimo (m)	prestito (m)	['prestito]
pedir um empréstimo	fare domanda per un prestito	['fare do'manda per un 'prestito]
obter empréstimo	ottenere un prestito	[otte'nere un 'prestito]
dar um empréstimo	concedere un prestito	[kon'tʃedere un 'prestito]
garantia (f)	garanzia (f)	[garan'tsia]

44. Telefone. Conversação telefônica

telefone (m)	telefono (m)	[te'lefono]
celular (m)	telefonino (m)	[telefo'nino]
secretária (f) eletrônica	segreteria (f) telefonica	[segrete'ria tele'fonika]

| fazer uma chamada | telefonare (vi, vt) | [telefo'nare] |
| chamada (f) | chiamata (f) | [kja'mata] |

discar um número	comporre un numero	[kom'porre un 'numero]
Alô!	Pronto!	['pronto]
perguntar (vt)	chiedere, domandare	['kjedere], [doman'dare]
responder (vt)	rispondere (vi, vt)	[ris'pondere]

ouvir (vt) — udire, sentire (vt) — [u'dire], [sen'tire]
bem — bene — ['bene]
mal — male — ['male]
ruído (m) — disturbi (m pl) — [di'sturbi]

fone (m) — cornetta (f) — [kor'netta]
pegar o telefone — alzare la cornetta — [al'tsare la kor'netta]
desligar (vi) — riattaccare la cornetta — [riattak'kare la kor'netta]

ocupado (adj) — occupato — [okku'pato]
tocar (vi) — squillare (vi) — [skwil'lare]
lista (f) telefônica — elenco (m) telefonico — [e'lenko tele'foniko]

local (adj) — locale — [lo'kale]
chamada (f) local — chiamata (f) locale — [kja'mata lo'kale]
de longa distância — interurbano — [interur'bano]
chamada (f) de longa distância — chiamata (f) interurbana — [kja'mata interur'bana]
internacional (adj) — internazionale — [internatsjo'nale]
chamada (f) internacional — chiamata (f) internazionale — [kja'mata internatsjo'nale]

45. Telefone móvel

celular (m) — telefonino (m) — [telefo'nino]
tela (f) — schermo (m) — ['skermo]
botão (m) — tasto (m) — ['tasto]
cartão SIM (m) — scheda SIM (f) — ['skeda 'sim]

bateria (f) — pila (f) — ['pila]
descarregar-se (vr) — essere scarico — ['essere 'skariko]
carregador (m) — caricabatteria (m) — [karika·batte'ria]

menu (m) — menù (m) — [me'nu]
configurações (f pl) — impostazioni (f pl) — [imposta'tsjoni]
melodia (f) — melodia (f) — [melo'dia]
escolher (vt) — scegliere (vt) — ['ʃeʎʎere]

calculadora (f) — calcolatrice (f) — [kalkola'tritʃe]
correio (m) de voz — segreteria (f) telefonica — [segrete'ria tele'fonika]
despertador (m) — sveglia (f) — ['zveʎʎa]
contatos (m pl) — contatti (m pl) — [kon'tatti]

mensagem (f) de texto — messaggio (m) SMS — [mes'sadʒo ese'mese]
assinante (m) — abbonato (m) — [abbo'nato]

46. Estacionário

caneta (f) — penna (f) a sfera — [penna a 'sfera]
caneta (f) tinteiro — penna (f) stilografica — ['penna stilo'grafika]

lápis (m) — matita (f) — [ma'tita]
marcador (m) de texto — evidenziatore (m) — [evidentsja'tore]

caneta (f) hidrográfica	**pennarello** (m)	[penna'rello]
bloco (m) de notas	**taccuino** (m)	[tak'kwino]
agenda (f)	**agenda** (f)	[a'dʒenda]
régua (f)	**righello** (m)	[ri'gello]
calculadora (f)	**calcolatrice** (f)	[kalkola'tritʃe]
borracha (f)	**gomma** (f) **per cancellare**	['gomma per kantʃel'lare]
alfinete (m)	**puntina** (f)	[pun'tina]
clipe (m)	**graffetta** (f)	[graf'fetta]
cola (f)	**colla** (f)	['kolla]
grampeador (m)	**pinzatrice** (f)	[pintsa'tritʃe]
furador (m) de papel	**perforatrice** (f)	[perfora'tritʃe]
apontador (m)	**temperamatite** (m)	[temperama'tite]

47. Línguas estrangeiras

língua (f)	**lingua** (f)	['lingua]
estrangeiro (adj)	**straniero**	[stra'njero]
língua (f) estrangeira	**lingua** (f) **straniera**	['lingua stra'njera]
estudar (vt)	**studiare** (vt)	[stu'djare]
aprender (vt)	**imparare** (vt)	[impa'rare]
ler (vt)	**leggere** (vi, vt)	['ledʒere]
falar (vi)	**parlare** (vi, vt)	[par'lare]
entender (vt)	**capire** (vt)	[ka'pire]
escrever (vt)	**scrivere** (vi, vt)	['skrivere]
rapidamente	**rapidamente**	[rapida'mente]
devagar, lentamente	**lentamente**	[lenta'mente]
fluentemente	**correntemente**	[korrente'mente]
regras (f pl)	**regole** (f pl)	['regole]
gramática (f)	**grammatica** (f)	[gram'matika]
vocabulário (m)	**lessico** (m)	['lessiko]
fonética (f)	**fonetica** (f)	[fo'netika]
livro (m) didático	**manuale** (m)	[manu'ale]
dicionário (m)	**dizionario** (m)	[ditsjo'nario]
manual (m) autodidático	**manuale** (m) **autodidattico**	[manu'ale autodi'dattiko]
guia (m) de conversação	**frasario** (m)	[fra'zario]
fita (f) cassete	**cassetta** (f)	[kas'setta]
videoteipe (m)	**videocassetta** (f)	[video·kas'setta]
CD (m)	**CD** (m)	[tʃi'di]
DVD (m)	**DVD** (m)	[divu'di]
alfabeto (m)	**alfabeto** (m)	[alfa'beto]
soletrar (vt)	**compitare** (vt)	[kompi'tare]
pronúncia (f)	**pronuncia** (f)	[pro'nuntʃa]
sotaque (m)	**accento** (m)	[a'tʃento]
com sotaque	**con un accento**	[kon un a'tʃento]
sem sotaque	**senza accento**	['sentsa a'tʃento]

| palavra (f) | vocabolo (m) | [vo'kabolo] |
| sentido (m) | significato (m) | [siɲifi'kato] |

curso (m)	corso (m)	['korso]
inscrever-se (vr)	iscriversi (vr)	[is'kriversi]
professor (m)	insegnante (m, f)	[inse'ɲante]

tradução (processo)	traduzione (f)	[tradu'tsjone]
tradução (texto)	traduzione (f)	[tradu'tsjone]
tradutor (m)	traduttore (m)	[tradut'tore]
intérprete (m)	interprete (m)	[in'terprete]

| poliglota (m) | poliglotta (m) | [poli'glotta] |
| memória (f) | memoria (f) | [me'moria] |

REFEIÇÕES. RESTAURANTE

48. Por a mesa

colher (f)	cucchiaio (m)	[kuk'kjajo]
faca (f)	coltello (m)	[kol'tello]
garfo (m)	forchetta (f)	[for'ketta]
xícara (f)	tazza (f)	['tattsa]
prato (m)	piatto (m)	['pjatto]
pires (m)	piattino (m)	[pjat'tino]
guardanapo (m)	tovagliolo (m)	[tovaʎ'ʎolo]
palito (m)	stuzzicadenti (m)	[stuttsika'denti]

49. Restaurante

restaurante (m)	ristorante (m)	[risto'rante]
cafeteria (f)	caffè (m)	[kaf'fe]
bar (m), cervejaria (f)	pub (m), bar (m)	[pab], [bar]
salão (m) de chá	sala (f) da tè	['sala da 'te]
garçom (m)	cameriere (m)	[kame'rjere]
garçonete (f)	cameriera (f)	[kame'rjera]
barman (m)	barista (m)	[ba'rista]
cardápio (m)	menù (m)	[me'nu]
lista (f) de vinhos	lista (f) dei vini	['lista 'dei 'vini]
reservar uma mesa	prenotare un tavolo	[preno'tare un 'tavolo]
prato (m)	piatto (m)	['pjatto]
pedir (vt)	ordinare (vt)	[ordi'nare]
fazer o pedido	fare un'ordinazione	['fare unordina'tsjone]
aperitivo (m)	aperitivo (m)	[aperi'tivo]
entrada (f)	antipasto (m)	[anti'pasto]
sobremesa (f)	dolce (m)	['doltʃe]
conta (f)	conto (m)	['konto]
pagar a conta	pagare il conto	[pa'gare il 'konto]
dar o troco	dare il resto	['dare il 'resto]
gorjeta (f)	mancia (f)	['mantʃa]

50. Refeições

comida (f)	cibo (m)	['tʃibo]
comer (vt)	mangiare (vi, vt)	[man'dʒare]

café (m) da manhã	colazione (f)	[kola'tsjone]
tomar café da manhã	fare colazione	['fare kola'tsjone]
almoço (m)	pranzo (m)	['prantso]
almoçar (vi)	pranzare (vi)	[pran'tsare]
jantar (m)	cena (f)	['t∫ena]
jantar (vi)	cenare (vi)	[t∫e'nare]
apetite (m)	appetito (m)	[appe'tito]
Bom apetite!	Buon appetito!	[bu'on appe'tito]
abrir (~ uma lata, etc.)	aprire (vt)	[a'prire]
derramar (~ líquido)	rovesciare (vt)	[rove'ʃare]
derramar-se (vr)	rovesciarsi (vi)	[rove'ʃarsi]
ferver (vi)	bollire (vi)	[bol'lire]
ferver (vt)	far bollire	[far bol'lire]
fervido (adj)	bollito	[bol'lito]
esfriar (vt)	raffreddare (vt)	[raffred'dare]
esfriar-se (vr)	raffreddarsi (vr)	[raffred'darsi]
sabor, gosto (m)	gusto (m)	['gusto]
fim (m) de boca	retrogusto (m)	[retro'gusto]
emagrecer (vi)	essere a dieta	['essere a di'eta]
dieta (f)	dieta (f)	[di'eta]
vitamina (f)	vitamina (f)	[vita'mina]
caloria (f)	caloria (f)	[kalo'ria]
vegetariano (m)	vegetariano (m)	[vedʒeta'rjano]
vegetariano (adj)	vegetariano	[vedʒeta'rjano]
gorduras (f pl)	grassi (m pl)	['grassi]
proteínas (f pl)	proteine (f pl)	[prote'ine]
carboidratos (m pl)	carboidrati (m pl)	[karboi'drati]
fatia (~ de limão, etc.)	fetta (f), fettina (f)	['fetta], [fet'tina]
pedaço (~ de bolo)	pezzo (m)	['pettso]
migalha (f), farelo (m)	briciola (f)	['brit∫ola]

51. Pratos cozinhados

prato (m)	piatto (m)	['pjatto]
cozinha (~ portuguesa)	cucina (f)	[ku't∫ina]
receita (f)	ricetta (f)	[ri't∫etta]
porção (f)	porzione (f)	[por'tsjone]
salada (f)	insalata (f)	[insa'lata]
sopa (f)	minestra (f)	[mi'nestra]
caldo (m)	brodo (m)	['brodo]
sanduíche (m)	panino (m)	[pa'nino]
ovos (m pl) fritos	uova (f pl) al tegamino	[u'ova al tega'mino]
hambúrguer (m)	hamburger (m)	[am'burger]
bife (m)	bistecca (f)	[bi'stekka]
acompanhamento (m)	contorno (m)	[kon'torno]

espaguete (m)	**spaghetti** (m pl)	[spa'getti]
purê (m) de batata	**purè** (m) **di patate**	[pu're di pa'tate]
pizza (f)	**pizza** (f)	['pittsa]
mingau (m)	**porridge** (m)	[por'ridʒe]
omelete (f)	**frittata** (f)	[frit'tata]
fervido (adj)	**bollito**	[bol'lito]
defumado (adj)	**affumicato**	[affumi'kato]
frito (adj)	**fritto**	['fritto]
seco (adj)	**secco**	['sekko]
congelado (adj)	**congelato**	[kondʒe'lato]
em conserva (adj)	**sottoaceto**	[sottoa'tʃeto]
doce (adj)	**dolce**	['doltʃe]
salgado (adj)	**salato**	[sa'lato]
frio (adj)	**freddo**	['freddo]
quente (adj)	**caldo**	['kaldo]
amargo (adj)	**amaro**	[a'maro]
gostoso (adj)	**buono, gustoso**	[bu'ono], [gu'stozo]
cozinhar em água fervente	**cuocere, preparare** (vt)	[ku'otʃere], [prepa'rare]
preparar (vt)	**cucinare** (vi)	[kutʃi'nare]
fritar (vt)	**friggere** (vt)	['fridʒere]
aquecer (vt)	**riscaldare** (vt)	[riskal'dare]
salgar (vt)	**salare** (vt)	[sa'lare]
apimentar (vt)	**pepare** (vt)	[pe'pare]
ralar (vt)	**grattugiare** (vt)	[grattu'dʒare]
casca (f)	**buccia** (f)	['butʃa]
descascar (vt)	**sbucciare** (vt)	[zbu'tʃare]

52. Comida

carne (f)	**carne** (f)	['karne]
galinha (f)	**pollo** (m)	['pollo]
frango (m)	**pollo** (m) **novello**	['pollo no'vello]
pato (m)	**anatra** (f)	['anatra]
ganso (m)	**oca** (f)	['oka]
caça (f)	**cacciagione** (f)	[katʃa'dʒone]
peru (m)	**tacchino** (m)	[tak'kino]
carne (f) de porco	**maiale** (m)	[ma'jale]
carne (f) de vitela	**vitello** (m)	[vi'tello]
carne (f) de carneiro	**agnello** (m)	[a'ɲello]
carne (f) de vaca	**manzo** (m)	['mandzo]
carne (f) de coelho	**coniglio** (m)	[ko'niʎʎo]
linguiça (f), salsichão (m)	**salame** (m)	[sa'lame]
salsicha (f)	**würstel** (m)	['vyrstel]
bacon (m)	**pancetta** (f)	[pan'tʃetta]
presunto (m)	**prosciutto** (m)	[pro'ʃutto]
pernil (m) de porco	**prosciutto** (m) **affumicato**	[pro'ʃutto affumi'kato]
patê (m)	**pâté** (m)	[pa'te]
fígado (m)	**fegato** (m)	['fegato]

guisado (m)	carne (f) trita	['karne 'trita]
língua (f)	lingua (f)	['lingua]
ovo (m)	uovo (m)	[u'ovo]
ovos (m pl)	uova (f pl)	[u'ova]
clara (f) de ovo	albume (m)	[al'bume]
gema (f) de ovo	tuorlo (m)	[tu'orlo]
peixe (m)	pesce (m)	['peʃe]
mariscos (m pl)	frutti (m pl) di mare	['frutti di 'mare]
crustáceos (m pl)	crostacei (m pl)	[kro'statʃei]
caviar (m)	caviale (m)	[ka'vjale]
caranguejo (m)	granchio (m)	['graŋkio]
camarão (m)	gamberetto (m)	[gambe'retto]
ostra (f)	ostrica (f)	['ostrika]
lagosta (f)	aragosta (f)	[ara'gosta]
polvo (m)	polpo (m)	['polpo]
lula (f)	calamaro (m)	[kala'maro]
esturjão (m)	storione (m)	[sto'rjone]
salmão (m)	salmone (m)	[sal'mone]
halibute (m)	ippoglosso (m)	[ippo'glosso]
bacalhau (m)	merluzzo (m)	[mer'luttso]
cavala, sarda (f)	scombro (m)	['skombro]
atum (m)	tonno (m)	['tonno]
enguia (f)	anguilla (f)	[an'gwilla]
truta (f)	trota (f)	['trota]
sardinha (f)	sardina (f)	[sar'dina]
lúcio (m)	luccio (m)	['lutʃo]
arenque (m)	aringa (f)	[a'ringa]
pão (m)	pane (m)	['pane]
queijo (m)	formaggio (m)	[for'madʒo]
açúcar (m)	zucchero (m)	['dzukkero]
sal (m)	sale (m)	['sale]
arroz (m)	riso (m)	['rizo]
massas (f pl)	pasta (f)	['pasta]
talharim, miojo (m)	tagliatelle (f pl)	[taʎʎa'telle]
manteiga (f)	burro (m)	['burro]
óleo (m) vegetal	olio (m) vegetale	['oljo vedʒe'tale]
óleo (m) de girassol	olio (m) di girasole	['oljo di dʒira'sole]
margarina (f)	margarina (f)	[marga'rina]
azeitonas (f pl)	olive (f pl)	[o'live]
azeite (m)	olio (m) d'oliva	['oljo do'liva]
leite (m)	latte (m)	['latte]
leite (m) condensado	latte (m) condensato	['latte konden'sato]
iogurte (m)	yogurt (m)	['jogurt]
creme (m) azedo	panna (f) acida	['panna 'atʃida]
creme (m) de leite	panna (f)	['panna]

| maionese (f) | maionese (m) | [majo'neze] |
| creme (m) | crema (f) | ['krema] |

grãos (m pl) de cereais	cereali (m pl)	[ʧere'ali]
farinha (f)	farina (f)	[fa'rina]
enlatados (m pl)	cibi (m pl) in scatola	['ʧibi in 'skatola]

flocos (m pl) de milho	fiocchi (m pl) di mais	['fjokki di 'mais]
mel (m)	miele (m)	['mjele]
geleia (m)	marmellata (f)	[marmel'lata]
chiclete (m)	gomma (f) da masticare	['gomma da masti'kare]

53. Bebidas

água (f)	acqua (f)	['akwa]
água (f) potável	acqua (f) potabile	['akwa po'tabile]
água (f) mineral	acqua (f) minerale	['akwa mine'rale]

sem gás (adj)	liscia, non gassata	['liʃa], [non gas'sata]
gaseificada (adj)	gassata	[gas'sata]
com gás	frizzante	[frid'dzante]
gelo (m)	ghiaccio (m)	['gjaʧo]
com gelo	con ghiaccio	[kon 'gjaʧo]

não alcoólico (adj)	analcolico	[anal'koliko]
refrigerante (m)	bevanda (f) analcolica	[be'vanda anal'kolika]
refresco (m)	bibita (f)	['bibita]
limonada (f)	limonata (f)	[limo'nata]

bebidas (f pl) alcoólicas	bevande (f pl) alcoliche	[be'vande al'kolike]
vinho (m)	vino (m)	['vino]
vinho (m) branco	vino (m) bianco	['vino 'bjanko]
vinho (m) tinto	vino (m) rosso	['vino 'rosso]

licor (m)	liquore (m)	[li'kwore]
champanhe (m)	champagne (m)	[ʃam'paɲ]
vermute (m)	vermouth (m)	['vermut]

uísque (m)	whisky	['wiski]
vodca (f)	vodka	['vodka]
gim (m)	gin (m)	[dʒin]
conhaque (m)	cognac (m)	['koɲak]
rum (m)	rum (m)	[rum]

café (m)	caffè (m)	[kaf'fe]
café (m) preto	caffè (m) nero	[kaf'fe 'nero]
café (m) com leite	caffè latte (m)	[kaf'fe 'latte]
cappuccino (m)	cappuccino (m)	[kappu'ʧino]
café (m) solúvel	caffè (m) solubile	[kaf'fe so'lubile]

leite (m)	latte (m)	['latte]
coquetel (m)	cocktail (m)	['koktejl]
batida (f), milkshake (m)	frullato (m)	[frul'lato]
suco (m)	succo (m)	['sukko]

suco (m) de tomate	succo (m) di pomodoro	['sukko di pomo'doro]
suco (m) de laranja	succo (m) d'arancia	['sukko da'rantʃa]
suco (m) fresco	spremuta (f)	[spre'muta]
cerveja (f)	birra (f)	['birra]
cerveja (f) clara	birra (f) chiara	['birra 'kjara]
cerveja (f) preta	birra (f) scura	['birra 'skura]
chá (m)	tè (m)	[te]
chá (m) preto	tè (m) nero	[te 'nero]
chá (m) verde	tè (m) verde	[te 'verde]

54. Vegetais

vegetais (m pl)	ortaggi (m pl)	[or'tadʒi]
verdura (f)	verdura (f)	[ver'dura]
tomate (m)	pomodoro (m)	[pomo'doro]
pepino (m)	cetriolo (m)	[tʃetri'olo]
cenoura (f)	carota (f)	[ka'rota]
batata (f)	patata (f)	[pa'tata]
cebola (f)	cipolla (f)	[tʃi'polla]
alho (m)	aglio (m)	['aʎʎo]
couve (f)	cavolo (m)	['kavolo]
couve-flor (f)	cavolfiore (m)	[kavol'fjore]
couve-de-bruxelas (f)	cavoletti (m pl) di Bruxelles	[kavo'letti di bruk'sel]
brócolis (m pl)	broccolo (m)	['brokkolo]
beterraba (f)	barbabietola (f)	[barba'bjetola]
berinjela (f)	melanzana (f)	[melan'tsana]
abobrinha (f)	zucchina (f)	[dzuk'kina]
abóbora (f)	zucca (f)	['dzukka]
nabo (m)	rapa (f)	['rapa]
salsa (f)	prezzemolo (m)	[pret'tsemolo]
endro, aneto (m)	aneto (m)	[a'neto]
alface (f)	lattuga (f)	[lat'tuga]
aipo (m)	sedano (m)	['sedano]
aspargo (m)	asparago (m)	[a'sparago]
espinafre (m)	spinaci (m pl)	[spi'natʃi]
ervilha (f)	pisello (m)	[pi'zello]
feijão (~ soja, etc.)	fave (f pl)	['fave]
milho (m)	mais (m)	['mais]
feijão (m) roxo	fagiolo (m)	[fa'dʒolo]
pimentão (m)	peperone (m)	[pepe'rone]
rabanete (m)	ravanello (m)	[rava'nello]
alcachofra (f)	carciofo (m)	[kar'tʃofo]

55. Frutos. Nozes

fruta (f)	**frutto** (m)	['frutto]
maçã (f)	**mela** (f)	['mela]
pera (f)	**pera** (f)	['pera]
limão (m)	**limone** (m)	[li'mone]
laranja (f)	**arancia** (f)	[a'rantʃa]
morango (m)	**fragola** (f)	['fragola]
tangerina (f)	**mandarino** (m)	[manda'rino]
ameixa (f)	**prugna** (f)	['pruɲa]
pêssego (m)	**pesca** (f)	['peska]
damasco (m)	**albicocca** (f)	[albi'kokka]
framboesa (f)	**lampone** (m)	[lam'pone]
abacaxi (m)	**ananas** (m)	[ana'nas]
banana (f)	**banana** (f)	[ba'nana]
melancia (f)	**anguria** (f)	[an'guria]
uva (f)	**uva** (f)	['uva]
ginja (f)	**amarena** (f)	[ama'rena]
cereja (f)	**ciliegia** (f)	[tʃi'ljedʒa]
melão (m)	**melone** (m)	[me'lone]
toranja (f)	**pompelmo** (m)	[pom'pelmo]
abacate (m)	**avocado** (m)	[avo'kado]
mamão (m)	**papaia** (f)	[pa'paja]
manga (f)	**mango** (m)	['mango]
romã (f)	**melagrana** (f)	[mela'grana]
groselha (f) vermelha	**ribes** (m) **rosso**	['ribes 'rosso]
groselha (f) negra	**ribes** (m) **nero**	['ribes 'nero]
groselha (f) espinhosa	**uva** (f) **spina**	['uva 'spina]
mirtilo (m)	**mirtillo** (m)	[mir'tillo]
amora (f) silvestre	**mora** (f)	['mora]
passa (f)	**uvetta** (f)	[u'vetta]
figo (m)	**fico** (m)	['fiko]
tâmara (f)	**dattero** (m)	['dattero]
amendoim (m)	**arachide** (f)	[a'rakide]
amêndoa (f)	**mandorla** (f)	['mandorla]
noz (f)	**noce** (f)	['notʃe]
avelã (f)	**nocciola** (f)	[no'tʃola]
coco (m)	**noce** (f) **di cocco**	['notʃe di 'kokko]
pistaches (m pl)	**pistacchi** (m pl)	[pi'stakki]

56. Pão. Bolaria

pastelaria (f)	**pasticceria** (f)	[pastitʃe'ria]
pão (m)	**pane** (m)	['pane]
biscoito (m), bolacha (f)	**biscotti** (m pl)	[bi'skotti]
chocolate (m)	**cioccolato** (m)	[tʃokko'lato]
de chocolate	**al cioccolato**	[al tʃokko'lato]

bala (f)	caramella (f)	[kara'mella]
doce (bolo pequeno)	tortina (f)	[tor'tina]
bolo (m) de aniversário	torta (f)	['torta]

| torta (f) | crostata (f) | [kro'stata] |
| recheio (m) | ripieno (m) | [ri'pjeno] |

geleia (m)	marmellata (f)	[marmel'lata]
marmelada (f)	marmellata (f) di agrumi	[marmel'lata di a'grumi]
wafers (m pl)	wafer (m)	['vafer]
sorvete (m)	gelato (m)	[dʒe'lato]
pudim (m)	budino (m)	[bu'dino]

57. Especiarias

sal (m)	sale (m)	['sale]
salgado (adj)	salato	[sa'lato]
salgar (vt)	salare (vt)	[sa'lare]

pimenta-do-reino (f)	pepe (m) nero	['pepe 'nero]
pimenta (f) vermelha	peperoncino (m)	[peperon'tʃino]
mostarda (f)	senape (f)	[se'nape]
raiz-forte (f)	cren (m)	['kren]

condimento (m)	condimento (m)	[kondi'mento]
especiaria (f)	spezie (f pl)	['spetsie]
molho (~ inglês)	salsa (f)	['salsa]
vinagre (m)	aceto (m)	[a'tʃeto]

anis estrelado (m)	anice (m)	['anitʃe]
manjericão (m)	basilico (m)	[ba'ziliko]
cravo (m)	chiodi (m pl) di garofano	['kjodi di ga'rofano]
gengibre (m)	zenzero (m)	['dzendzero]
coentro (m)	coriandolo (m)	[kori'andolo]
canela (f)	cannella (f)	[kan'nella]

gergelim (m)	sesamo (m)	[sezamo]
folha (f) de louro	alloro (m)	[al'loro]
páprica (f)	paprica (f)	['paprika]
cominho (m)	cumino, comino (m)	[ku'mino], [ko'mino]
açafrão (m)	zafferano (m)	[dzaffe'rano]

INFORMAÇÃO PESSOAL. FAMÍLIA

58. Informação pessoal. Formulários

nome (m)	nome (m)	['nome]
sobrenome (m)	cognome (m)	[ko'ɲome]
data (f) de nascimento	data (f) di nascita	['data di 'naʃita]
local (m) de nascimento	luogo (m) di nascita	[lu'ogo di 'naʃita]
nacionalidade (f)	nazionalità (f)	[natsjonali'ta]
lugar (m) de residência	domicilio (m)	[domi'tʃilio]
país (m)	paese (m)	[pa'eze]
profissão (f)	professione (f)	[profes'sjone]
sexo (m)	sesso (m)	['sesso]
estatura (f)	statura (f)	[sta'tura]
peso (m)	peso (m)	['pezo]

59. Membros da família. Parentes

mãe (f)	madre (f)	['madre]
pai (m)	padre (m)	['padre]
filho (m)	figlio (m)	['fiʎʎo]
filha (f)	figlia (f)	['fiʎʎa]
caçula (f)	figlia (f) minore	['fiʎʎa mi'nore]
caçula (m)	figlio (m) minore	['fiʎʎo mi'nore]
filha (f) mais velha	figlia (f) maggiore	['fiʎʎa ma'dʒore]
filho (m) mais velho	figlio (m) maggiore	['fiʎʎo ma'dʒore]
irmão (m)	fratello (m)	[fra'tello]
irmã (f)	sorella (f)	[so'rella]
primo (m)	cugino (m)	[ku'dʒino]
prima (f)	cugina (f)	[ku'dʒina]
mamãe (f)	mamma (f)	['mamma]
papai (m)	papà (m)	[pa'pa]
pais (pl)	genitori (m pl)	[dʒeni'tori]
criança (f)	bambino (m)	[bam'bino]
crianças (f pl)	bambini (m pl)	[bam'bini]
avó (f)	nonna (f)	['nonna]
avô (m)	nonno (m)	['nonno]
neto (m)	nipote (m)	[ni'pote]
neta (f)	nipote (f)	[ni'pote]
netos (pl)	nipoti (pl)	[ni'poti]
tio (m)	zio (m)	['tsio]
tia (f)	zia (f)	['tsia]

sobrinho (m)	nipote (m)	[ni'pote]
sobrinha (f)	nipote (f)	[ni'pote]
sogra (f)	suocera (f)	[su'otʃera]
sogro (m)	suocero (m)	[su'otʃero]
genro (m)	genero (m)	['dʒenero]
madrasta (f)	matrigna (f)	[ma'triɲa]
padrasto (m)	patrigno (m)	[pa'triɲo]
criança (f) de colo	neonato (m)	[neo'nato]
bebê (m)	infante (m)	[in'fante]
menino (m)	bimbo (m)	['bimbo]
mulher (f)	moglie (f)	['moʎʎe]
marido (m)	marito (m)	[ma'rito]
esposo (m)	coniuge (m)	['konjudʒe]
esposa (f)	coniuge (f)	['konjudʒe]
casado (adj)	sposato	[spo'zato]
casada (adj)	sposata	[spo'zata]
solteiro (adj)	celibe	['tʃelibe]
solteirão (m)	scapolo (m)	['skapolo]
divorciado (adj)	divorziato	[divortsi'ato]
viúva (f)	vedova (f)	['vedova]
viúvo (m)	vedovo (m)	['vedovo]
parente (m)	parente (m)	[pa'rente]
parente (m) próximo	parente (m) stretto	[pa'rente 'stretto]
parente (m) distante	parente (m) lontano	[pa'rente lon'tano]
parentes (m pl)	parenti (m pl)	[pa'renti]
órfão (m)	orfano (m)	['orfano]
órfã (f)	orfana (f)	['orfana]
tutor (m)	tutore (m)	[tu'tore]
adotar (um filho)	adottare (vt)	[adot'tare]
adotar (uma filha)	adottare (vt)	[adot'tare]

60. Amigos. Colegas de trabalho

amigo (m)	amico (m)	[a'miko]
amiga (f)	amica (f)	[a'mika]
amizade (f)	amicizia (f)	[ami'tʃitsia]
ser amigos	essere amici	['essere a'mitʃi]
amigo (m)	amico (m)	[a'miko]
amiga (f)	amica (f)	[a'mika]
parceiro (m)	partner (m)	['partner]
chefe (m)	capo (m)	['kapo]
superior (m)	capo (m), superiore (m)	['kapo], [supe'rjore]
subordinado (m)	subordinato (m)	[subordi'nato]
colega (m, f)	collega (m)	[kol'lega]
conhecido (m)	conoscente (m)	[kono'ʃente]
companheiro (m) de viagem	compagno (m) di viaggio	[kom'paɲo di 'vjadʒo]

colega (m) de classe	**compagno** (m) **di classe**	[kom'paɲo di 'klasse]
vizinho (m)	**vicino** (m)	[vi'ʧino]
vizinha (f)	**vicina** (f)	[vi'ʧina]
vizinhos (pl)	**vicini** (m pl)	[vi'ʧini]

CORPO HUMANO. MEDICINA

61. Cabeça

cabeça (f)	testa (f)	['testa]
rosto, cara (f)	viso (m)	['vizo]
nariz (m)	naso (m)	['nazo]
boca (f)	bocca (f)	['bokka]
olho (m)	occhio (m)	['okkio]
olhos (m pl)	occhi (m pl)	['okki]
pupila (f)	pupilla (f)	[pu'pilla]
sobrancelha (f)	sopracciglio (m)	[sopra'tʃiʎʎo]
cílio (f)	ciglio (m)	['tʃiʎʎo]
pálpebra (f)	palpebra (f)	['palpebra]
língua (f)	lingua (f)	['lingua]
dente (m)	dente (m)	['dente]
lábios (m pl)	labbra (f pl)	['labbra]
maçãs (f pl) do rosto	zigomi (m pl)	['dzigomi]
gengiva (f)	gengiva (f)	[dʒen'dʒiva]
palato (m)	palato (m)	[pa'lato]
narinas (f pl)	narici (f pl)	[na'ritʃi]
queixo (m)	mento (m)	['mento]
mandíbula (f)	mascella (f)	[ma'ʃella]
bochecha (f)	guancia (f)	['gwantʃa]
testa (f)	fronte (f)	['fronte]
têmpora (f)	tempia (f)	['tempia]
orelha (f)	orecchio (m)	[o'rekkio]
costas (f pl) da cabeça	nuca (f)	['nuka]
pescoço (m)	collo (m)	['kollo]
garganta (f)	gola (f)	['gola]
cabelo (m)	capelli (m pl)	[ka'pelli]
penteado (m)	pettinatura (f)	[pettina'tura]
corte (m) de cabelo	taglio (m)	['taʎʎo]
peruca (f)	parrucca (f)	['parrukka]
bigode (m)	baffi (m pl)	['baffi]
barba (f)	barba (f)	['barba]
ter (~ barba, etc.)	portare (vt)	[por'tare]
trança (f)	treccia (f)	['tretʃa]
suíças (f pl)	basette (f pl)	[ba'zette]
ruivo (adj)	rosso	['rosso]
grisalho (adj)	brizzolato	[brittso'lato]
careca (adj)	calvo	['kalvo]
calva (f)	calvizie (f)	[kal'vitsie]

| rabo-de-cavalo (m) | coda (f) di cavallo | ['koda di ka'vallo] |
| franja (f) | frangetta (f) | [fran'dʒetta] |

62. Corpo humano

| mão (f) | mano (f) | ['mano] |
| braço (m) | braccio (m) | ['bratʃo] |

dedo (m)	dito (m)	['dito]
dedo (m) do pé	dito (m) del piede	['dito del 'pjede]
polegar (m)	pollice (m)	['pollitʃe]
dedo (m) mindinho	mignolo (m)	[mi'ɲolo]
unha (f)	unghia (f)	['ungia]

punho (m)	pugno (m)	['puɲo]
palma (f)	palmo (m)	['palmo]
pulso (m)	polso (m)	['polso]
antebraço (m)	avambraccio (m)	[avam'bratʃo]
cotovelo (m)	gomito (m)	['gomito]
ombro (m)	spalla (f)	['spalla]

perna (f)	gamba (f)	['gamba]
pé (m)	pianta (f) del piede	['pjanta del 'pjede]
joelho (m)	ginocchio (m)	[dʒi'nokkio]
panturrilha (f)	polpaccio (m)	[pol'patʃo]
quadril (m)	anca (f)	['anka]
calcanhar (m)	tallone (m)	[tal'lone]

corpo (m)	corpo (m)	['korpo]
barriga (f), ventre (m)	pancia (f)	['pantʃa]
peito (m)	petto (m)	['petto]
seio (m)	seno (m)	['seno]
lado (m)	fianco (m)	['fjanko]
costas (dorso)	schiena (f)	['skjena]
região (f) lombar	zona (f) lombare	['dzona lom'bare]
cintura (f)	vita (f)	['vita]

umbigo (m)	ombelico (m)	[ombe'liko]
nádegas (f pl)	natiche (f pl)	['natike]
traseiro (m)	sedere (m)	[se'dere]

sinal (m), pinta (f)	neo (m)	['neo]
sinal (m) de nascença	voglia (f)	['voʎʎa]
tatuagem (f)	tatuaggio (m)	[tatu'adʒo]
cicatriz (f)	cicatrice (f)	[tʃika'tritʃe]

63. Doenças

doença (f)	malattia (f)	[malat'tia]
estar doente	essere malato	['essere ma'lato]
saúde (f)	salute (f)	[sa'lute]
nariz (m) escorrendo	raffreddore (m)	[raffred'dore]

amigdalite (f)	tonsillite (f)	[tonsil'lite]
resfriado (m)	raffreddore (m)	[raffred'dore]
ficar resfriado	raffreddarsi (vr)	[raffred'darsi]
bronquite (f)	bronchite (f)	[bron'kite]
pneumonia (f)	polmonite (f)	[polmo'nite]
gripe (f)	influenza (f)	[influ'entsa]
míope (adj)	miope	['miope]
presbita (adj)	presbite	['prezbite]
estrabismo (m)	strabismo (m)	[stra'bizmo]
estrábico, vesgo (adj)	strabico	['strabiko]
catarata (f)	cateratta (f)	[kate'ratta]
glaucoma (m)	glaucoma (m)	[glau'koma]
AVC (m), apoplexia (f)	ictus (m) cerebrale	['iktus ʧere'brale]
ataque (m) cardíaco	attacco (m) di cuore	[at'tako di ku'ore]
enfarte (m) do miocárdio	infarto (m) miocardico	[in'farto miokar'diko]
paralisia (f)	paralisi (f)	[pa'ralizi]
paralisar (vt)	paralizzare (vt)	[paralid'dzare]
alergia (f)	allergia (f)	[aller'dʒia]
asma (f)	asma (f)	['azma]
diabetes (f)	diabete (m)	[dia'bete]
dor (f) de dente	mal (m) di denti	[mal di 'denti]
cárie (f)	carie (f)	['karie]
diarreia (f)	diarrea (f)	[diar'rea]
prisão (f) de ventre	stitichezza (f)	[stiti'kettsa]
desarranjo (m) intestinal	disturbo (m) gastrico	[di'sturbo 'gastriko]
intoxicação (f) alimentar	intossicazione (f) alimentare	[intossika'tsjone alimen'tare]
intoxicar-se	intossicarsi (vr)	[intossi'karsi]
artrite (f)	artrite (f)	[ar'trite]
raquitismo (m)	rachitide (f)	[ra'kitide]
reumatismo (m)	reumatismo (m)	[reuma'tizmo]
arteriosclerose (f)	aterosclerosi (f)	[ateroskle'rozi]
gastrite (f)	gastrite (f)	[ga'strite]
apendicite (f)	appendicite (f)	[appendi'ʧite]
colecistite (f)	colecistite (f)	[koleʧi'stite]
úlcera (f)	ulcera (f)	['ulʧera]
sarampo (m)	morbillo (m)	[mor'billo]
rubéola (f)	rosolia (f)	[rozo'lia]
icterícia (f)	itterizia (f)	[itte'ritsia]
hepatite (f)	epatite (f)	[epa'tite]
esquizofrenia (f)	schizofrenia (f)	[skidzofre'nia]
raiva (f)	rabbia (f)	['rabbia]
neurose (f)	nevrosi (f)	[ne'vrozi]
contusão (f) cerebral	commozione (f) cerebrale	[kommo'tsjone ʧere'brale]
câncer (m)	cancro (m)	['kankro]
esclerose (f)	sclerosi (f)	[skle'rozi]

esclerose (f) múltipla	**sclerosi** (f) **multipla**	[skle'rozi 'multipla]
alcoolismo (m)	**alcolismo** (m)	[alko'lizmo]
alcoólico (m)	**alcolizzato** (m)	[alkolid'dzato]
sífilis (f)	**sifilide** (f)	[si'filide]
AIDS (f)	**AIDS** (m)	['aids]
tumor (m)	**tumore** (m)	[tu'more]
maligno (adj)	**maligno**	[ma'liɲo]
benigno (adj)	**benigno**	[be'niɲo]
febre (f)	**febbre** (f)	['febbre]
malária (f)	**malaria** (f)	[ma'laria]
gangrena (f)	**cancrena** (f)	[kan'krena]
enjoo (m)	**mal** (m) **di mare**	[mal di 'mare]
epilepsia (f)	**epilessia** (f)	[epiles'sia]
epidemia (f)	**epidemia** (f)	[epide'mia]
tifo (m)	**tifo** (m)	['tifo]
tuberculose (f)	**tubercolosi** (f)	[tuberko'lozi]
cólera (f)	**colera** (m)	[ko'lera]
peste (f) bubônica	**peste** (f)	['peste]

64. Sintomas. Tratamentos. Parte 1

sintoma (m)	**sintomo** (m)	['sintomo]
temperatura (f)	**temperatura** (f)	[tempera'tura]
febre (f)	**febbre** (f) **alta**	['febbre 'alta]
pulso (m)	**polso** (m)	['polso]
vertigem (f)	**capogiro** (m)	[kapo'dʒiro]
quente (testa, etc.)	**caldo**	['kaldo]
calafrio (m)	**brivido** (m)	['brivido]
pálido (adj)	**pallido**	['pallido]
tosse (f)	**tosse** (f)	['tosse]
tossir (vi)	**tossire** (vi)	[tos'sire]
espirrar (vi)	**starnutire** (vi)	[starnu'tire]
desmaio (m)	**svenimento** (m)	[zveni'mento]
desmaiar (vi)	**svenire** (vi)	[zve'nire]
mancha (f) preta	**livido** (m)	['livido]
galo (m)	**bernoccolo** (m)	[ber'nokkolo]
machucar-se (vr)	**farsi un livido**	['farsi un 'livido]
contusão (f)	**contusione** (f)	[kontu'zjone]
machucar-se (vr)	**farsi male**	['farsi 'male]
mancar (vi)	**zoppicare** (vi)	[dzoppi'kare]
deslocamento (f)	**slogatura** (f)	[zloga'tura]
deslocar (vt)	**slogarsi** (vr)	[zlo'garsi]
fratura (f)	**frattura** (f)	[frat'tura]
fraturar (vt)	**fratturarsi** (vr)	[frattu'rarsi]
corte (m)	**taglio** (m)	['taʎʎo]
cortar-se (vr)	**tagliarsi** (vr)	[taʎ'ʎarsi]
hemorragia (f)	**emorragia** (f)	[emorra'dʒia]

queimadura (f)	scottatura (f)	[skotta'tura]
queimar-se (vr)	scottarsi (vr)	[skot'tarsi]

picar (vt)	pungere (vt)	['pundʒere]
picar-se (vr)	pungersi (vr)	['pundʒersi]
lesionar (vt)	ferire (vt)	[fe'rire]
lesão (m)	ferita (f)	[fe'rita]
ferida (f), ferimento (m)	lesione (f)	[le'zjone]
trauma (m)	trauma (m)	['trauma]

delirar (vi)	delirare (vi)	[deli'rare]
gaguejar (vi)	tartagliare (vi)	[tartaʎ'ʎare]
insolação (f)	colpo (m) di sole	['kolpo di 'sole]

65. Sintomas. Tratamentos. Parte 2

dor (f)	dolore (m), male (m)	[do'lore], ['male]
farpa (no dedo, etc.)	scheggia (f)	['skedʒa]

suor (m)	sudore (m)	[su'dore]
suar (vi)	sudare (vi)	[su'dare]
vômito (m)	vomito (m)	['vomito]
convulsões (f pl)	convulsioni (f pl)	[konvul'sjoni]

grávida (adj)	incinta	[in'tʃinta]
nascer (vi)	nascere (vi)	['naʃere]
parto (m)	parto (m)	['parto]
dar à luz	essere in travaglio	['essere in tra'vaʎʎo]
aborto (m)	aborto (m)	[a'borto]

respiração (f)	respirazione (f)	[respira'tsjone]
inspiração (f)	inspirazione (f)	[inspira'tsjone]
expiração (f)	espirazione (f)	[espira'tsjone]
expirar (vi)	espirare (vi)	[espi'rare]
inspirar (vi)	inspirare (vi)	[inspi'rare]

inválido (m)	invalido (m)	[in'valido]
aleijado (m)	storpio (m)	['storpjo]
drogado (m)	battaglia (f)	[bat'taʎʎa]

surdo (adj)	sordo	['sordo]
mudo (adj)	muto	['muto]
surdo-mudo (adj)	sordomuto	[sordo'muto]

louco, insano (adj)	matto	['matto]
louco (m)	matto (m)	['matto]
louca (f)	matta (f)	['matta]
ficar louco	impazzire (vi)	[impat'tsire]

gene (m)	gene (m)	['dʒene]
imunidade (f)	immunità (f)	[immuni'ta]
hereditário (adj)	ereditario	[eredi'tario]
congênito (adj)	innato	[in'nato]
vírus (m)	virus (m)	['virus]

micróbio (m)	**microbo** (m)	['mikrobo]
bactéria (f)	**batterio** (m)	[bat'terio]
infecção (f)	**infezione** (f)	[infe'tsjone]

66. Sintomas. Tratamentos. Parte 3

hospital (m)	**ospedale** (m)	[ospe'dale]
paciente (m)	**paziente** (m)	[pa'tsjente]
diagnóstico (m)	**diagnosi** (f)	[di'aɲozi]
cura (f)	**cura** (f)	['kura]
tratamento (m) médico	**trattamento** (m)	[tratta'mento]
curar-se (vr)	**curarsi** (vr)	[ku'rarsi]
tratar (vt)	**curare** (vt)	[ku'rare]
cuidar (pessoa)	**accudire**	[akku'dire]
cuidado (m)	**assistenza** (f)	[assi'stentsa]
operação (f)	**operazione** (f)	[opera'tsjone]
enfaixar (vt)	**bendare** (vt)	[ben'dare]
enfaixamento (m)	**fasciatura** (f)	[faʃa'tura]
vacinação (f)	**vaccinazione** (f)	[vatʃina'tsjone]
vacinar (vt)	**vaccinare** (vt)	[vatʃi'nare]
injeção (f)	**iniezione** (f)	[inje'tsjone]
dar uma injeção	**fare una puntura**	['fare 'una pun'tura]
ataque (~ de asma, etc.)	**attacco** (m)	[at'takko]
amputação (f)	**amputazione** (f)	[amputa'tsjone]
amputar (vt)	**amputare** (vt)	[ampu'tare]
coma (f)	**coma** (m)	['koma]
estar em coma	**essere in coma**	['essere in 'koma]
reanimação (f)	**rianimazione** (f)	[rianima'tsjone]
recuperar-se (vr)	**guarire** (vi)	[gwa'rire]
estado (~ de saúde)	**stato** (f)	['stato]
consciência (perder a ~)	**conoscenza** (f)	[kono'ʃentsa]
memória (f)	**memoria** (f)	[me'moria]
tirar (vt)	**estrarre** (vt)	[e'strarre]
obturação (f)	**otturazione** (f)	[ottura'tsjone]
obturar (vt)	**otturare** (vt)	[ottu'rare]
hipnose (f)	**ipnosi** (f)	[ip'nozi]
hipnotizar (vt)	**ipnotizzare** (vt)	[ipnotid'dzare]

67. Medicina. Drogas. Acessórios

medicamento (m)	**medicina** (f)	[medi'tʃina]
remédio (m)	**rimedio** (m)	[ri'medio]
receitar (vt)	**prescrivere** (vt)	[pres'krivere]
receita (f)	**prescrizione** (f)	[preskri'tsjone]
comprimido (m)	**compressa** (f)	[kom'pressa]

unguento (m)	**unguento** (m)	[un'gwento]
ampola (f)	**fiala** (f)	[fi'ala]
solução, preparado (m)	**pozione** (f)	[po'tsjone]
xarope (m)	**sciroppo** (m)	[ʃi'roppo]
cápsula (f)	**pillola** (f)	['pillola]
pó (m)	**polverina** (f)	[polve'rina]
atadura (f)	**benda** (f)	['benda]
algodão (m)	**ovatta** (f)	[o'vatta]
iodo (m)	**iodio** (m)	[i'odio]
curativo (m) adesivo	**cerotto** (m)	[tʃe'rotto]
conta-gotas (m)	**contagocce** (m)	[konta'gotʃe]
termômetro (m)	**termometro** (m)	[ter'mometro]
seringa (f)	**siringa** (f)	[si'ringa]
cadeira (f) de rodas	**sedia** (f) **a rotelle**	['sedia a ro'telle]
muletas (f pl)	**stampelle** (f pl)	[stam'pelle]
analgésico (m)	**analgesico** (m)	[anal'dʒeziko]
laxante (m)	**lassativo** (m)	[lassa'tivo]
álcool (m)	**alcol** (m)	[al'kol]
ervas (f pl) medicinais	**erba** (f) **officinale**	['erba offitʃi'nale]
de ervas (chá ~)	**d'erbe**	['derbe]

APARTAMENTO

68. Apartamento

apartamento (m)	appartamento (m)	[apparta'mento]
quarto, cômodo (m)	camera (f), stanza (f)	['kamera], ['stantsa]
quarto (m) de dormir	camera (f) da letto	['kamera da 'letto]
sala (f) de jantar	sala (f) da pranzo	['sala da 'prantso]
sala (f) de estar	salotto (m)	[sa'lotto]
escritório (m)	studio (m)	['studio]
sala (f) de entrada	ingresso (m)	[in'gresso]
banheiro (m)	bagno (m)	['baɲo]
lavabo (m)	gabinetto (m)	[gabi'netto]
teto (m)	soffitto (m)	[sof'fitto]
chão, piso (m)	pavimento (m)	[pavi'mento]
canto (m)	angolo (m)	['angolo]

69. Mobiliário. Interior

mobiliário (m)	mobili (m pl)	['mobili]
mesa (f)	tavolo (m)	['tavolo]
cadeira (f)	sedia (f)	['sedia]
cama (f)	letto (m)	['letto]
sofá, divã (m)	divano (m)	[di'vano]
poltrona (f)	poltrona (f)	[pol'trona]
estante (f)	libreria (f)	[libre'ria]
prateleira (f)	ripiano (m)	[ri'pjano]
guarda-roupas (m)	armadio (m)	[ar'madio]
cabide (m) de parede	attaccapanni (m) da parete	[attakka'panni da pa'rete]
cabideiro (m) de pé	appendiabiti (m) da terra	[apen'djabiti da terra]
cômoda (f)	comò (m)	[ko'mo]
mesinha (f) de centro	tavolino (m) da salotto	[tavo'lina da sa'lotto]
espelho (m)	specchio (m)	['spekkio]
tapete (m)	tappeto (m)	[tap'peto]
tapete (m) pequeno	tappetino (m)	[tappe'tino]
lareira (f)	camino (m)	[ka'mino]
vela (f)	candela (f)	[kan'dela]
castiçal (m)	candeliere (m)	[kande'ljere]
cortinas (f pl)	tende (f pl)	['tende]
papel (m) de parede	carta (f) da parati	['karta da pa'rati]

persianas (f pl)	tende (f pl) alla veneziana	['tende alla vene'tsjana]
luminária (f) de mesa	lampada (f) da tavolo	['lampada da 'tavolo]
luminária (f) de parede	lampada (f) da parete	['lampada da pa'rete]
abajur (m) de pé	lampada (f) a stelo	['lampada a 'stelo]
lustre (m)	lampadario (m)	[lampa'dario]
pé (de mesa, etc.)	gamba (f)	['gamba]
braço, descanso (m)	bracciolo (m)	['bratʃolo]
costas (f pl)	spalliera (f)	[spal'ljera]
gaveta (f)	cassetto (m)	[kas'setto]

70. Quarto de dormir

roupa (f) de cama	biancheria (f) da letto	[bjanke'ria da 'letto]
travesseiro (m)	cuscino (m)	[ku'ʃino]
fronha (f)	federa (f)	['federa]
cobertor (m)	coperta (f)	[ko'perta]
lençol (m)	lenzuolo (m)	[lentsu'olo]
colcha (f)	copriletto (m)	[kopri'letto]

71. Cozinha

cozinha (f)	cucina (f)	[ku'tʃina]
gás (m)	gas (m)	[gas]
fogão (m) a gás	fornello (m) a gas	[for'nello a gas]
fogão (m) elétrico	fornello (m) elettrico	[for'nello e'lettriko]
forno (m)	forno (m)	['forno]
forno (m) de micro-ondas	forno (m) a microonde	['forno a mikro'onde]
geladeira (f)	frigorifero (m)	[frigo'rifero]
congelador (m)	congelatore (m)	[kondʒela'tore]
máquina (f) de lavar louça	lavastoviglie (f)	[lavasto'viʎʎe]
moedor (m) de carne	tritacarne (m)	[trita'karne]
espremedor (m)	spremifrutta (m)	[spremi'frutta]
torradeira (f)	tostapane (m)	[tosta'pane]
batedeira (f)	mixer (m)	['mikser]
máquina (f) de café	macchina (f) da caffè	['makkina da kaf'fe]
cafeteira (f)	caffettiera (f)	[kaffet'tjera]
moedor (m) de café	macinacaffè (m)	[matʃinakaf'fe]
chaleira (f)	bollitore (m)	[bolli'tore]
bule (m)	teiera (f)	[te'jera]
tampa (f)	coperchio (m)	[ko'perkio]
coador (m) de chá	colino (m) da tè	[ko'lino da te]
colher (f)	cucchiaio (m)	[kuk'kjajo]
colher (f) de chá	cucchiaino (m) da tè	[kuk'kjajno da 'te]
colher (f) de sopa	cucchiaio (m)	[kuk'kjajo]
garfo (m)	forchetta (f)	[for'ketta]
faca (f)	coltello (m)	[kol'tello]

louça (f)	stoviglie (f pl)	[sto'viʎʎe]
prato (m)	piatto (m)	['pjatto]
pires (m)	piattino (m)	[pjat'tino]
cálice (m)	cicchetto (m)	[tʃik'ketto]
copo (m)	bicchiere (m)	[bik'kjere]
xícara (f)	tazzina (f)	[tat'tsina]
açucareiro (m)	zuccheriera (f)	[dzukke'rjera]
saleiro (m)	saliera (f)	[sa'ljera]
pimenteiro (m)	pepiera (f)	[pe'pjera]
manteigueira (f)	burriera (f)	[bur'rjera]
panela (f)	pentola (f)	['pentola]
frigideira (f)	padella (f)	[pa'della]
concha (f)	mestolo (m)	['mestolo]
coador (m)	colapasta (m)	[kola'pasta]
bandeja (f)	vassoio (m)	[vas'sojo]
garrafa (f)	bottiglia (f)	[bot'tiʎʎa]
pote (m) de vidro	barattolo (m) di vetro	[ba'rattolo di 'vetro]
lata (~ de cerveja)	latta (f), lattina (f)	['latta], [lat'tina]
abridor (m) de garrafa	apribottiglie (m)	[apribot'tiʎʎe]
abridor (m) de latas	apriscatole (m)	[apri'skatole]
saca-rolhas (m)	cavatappi (m)	[kava'tappi]
filtro (m)	filtro (m)	['filtro]
filtrar (vt)	filtrare (vt)	[fil'trare]
lixo (m)	spazzatura (f)	[spattsa'tura]
lixeira (f)	pattumiera (f)	[pattu'mjera]

72. Casa de banho

banheiro (m)	bagno (m)	['baɲo]
água (f)	acqua (f)	['akwa]
torneira (f)	rubinetto (m)	[rubi'netto]
água (f) quente	acqua (f) calda	['akwa 'kalda]
água (f) fria	acqua (f) fredda	['akwa 'fredda]
pasta (f) de dente	dentifricio (m)	[denti'fritʃo]
escovar os dentes	lavarsi i denti	[la'varsi i 'denti]
escova (f) de dente	spazzolino (m) da denti	[spatso'lino da 'denti]
barbear-se (vr)	rasarsi (vr)	[ra'zarsi]
espuma (f) de barbear	schiuma (f) da barba	['skjuma da 'barba]
gilete (f)	rasoio (m)	[ra'zojo]
lavar (vt)	lavare (vt)	[la'vare]
tomar banho	fare un bagno	['fare un 'baɲo]
chuveiro (m), ducha (f)	doccia (f)	['dotʃa]
tomar uma ducha	fare una doccia	['fare 'una 'dotʃa]
banheira (f)	vasca (f) da bagno	['vaska da 'baɲo]
vaso (m) sanitário	water (m)	['vater]

pia (f)	lavandino (m)	[lavan'dino]
sabonete (m)	sapone (m)	[sa'pone]
saboneteira (f)	porta (m) sapone	['porta sa'pone]
esponja (f)	spugna (f)	['spuɲa]
xampu (m)	shampoo (m)	['ʃampo]
toalha (f)	asciugamano (m)	[aʃuga'mano]
roupão (m) de banho	accappatoio (m)	[akkappa'tojo]
lavagem (f)	bucato (m)	[bu'kato]
lavadora (f) de roupas	lavatrice (f)	[lava'tritʃe]
lavar a roupa	fare il bucato	['fare il bu'kato]
detergente (m)	detersivo (m) per il bucato	[deter'sivo per il bu'kato]

73. Eletrodomésticos

televisor (m)	televisore (m)	[televi'zore]
gravador (m)	registratore (m) a nastro	[redʒistra'tore a 'nastro]
videogravador (m)	videoregistratore (m)	[video·redʒistra'tore]
rádio (m)	radio (f)	['radio]
leitor (m)	lettore (m)	[let'tore]
projetor (m)	videoproiettore (m)	[video·projet'tore]
cinema (m) em casa	home cinema (m)	['om 'tʃinema]
DVD Player (m)	lettore (m) DVD	[let'tore divu'di]
amplificador (m)	amplificatore (m)	[amplifika'tore]
console (f) de jogos	console (f) video giochi	['konsole 'video 'dʒoki]
câmera (f) de vídeo	videocamera (f)	[video·'kamera]
máquina (f) fotográfica	macchina (f) fotografica	['makkina foto'grafika]
câmera (f) digital	fotocamera (f) digitale	[foto'kamera didʒi'tale]
aspirador (m)	aspirapolvere (m)	[aspira·'polvere]
ferro (m) de passar	ferro (m) da stiro	['ferro da 'stiro]
tábua (f) de passar	asse (f) da stiro	['asse da 'stiro]
telefone (m)	telefono (m)	[te'lefono]
celular (m)	telefonino (m)	[telefo'nino]
máquina (f) de escrever	macchina (f) da scrivere	['makkina da 'skrivere]
máquina (f) de costura	macchina (f) da cucire	['makkina da ku'tʃire]
microfone (m)	microfono (m)	[mi'krofono]
fone (m) de ouvido	cuffia (f)	['kuffia]
controle remoto (m)	telecomando (m)	[teleko'mando]
CD (m)	CD (m)	[tʃi'di]
fita (f) cassete	cassetta (f)	[kas'setta]
disco (m) de vinil	disco (m)	['disko]

A TERRA. TEMPO

74. Espaço sideral

espaço, cosmo (m)	**cosmo** (m)	['kozmo]
espacial, cósmico (adj)	**cosmico, spaziale**	['kozmiko], [spa'tsjale]
espaço (m) cósmico	**spazio** (m) **cosmico**	['spatsio 'kozmiko]
mundo (m)	**mondo** (m)	['mondo]
universo (m)	**universo** (m)	[uni'verso]
galáxia (f)	**galassia** (f)	[ga'lassia]
estrela (f)	**stella** (f)	['stella]
constelação (f)	**costellazione** (f)	[kostella'tsjone]
planeta (m)	**pianeta** (m)	[pja'neta]
satélite (m)	**satellite** (m)	[sa'tellite]
meteorito (m)	**meteorite** (m)	[meteo'rite]
cometa (m)	**cometa** (f)	[ko'meta]
asteroide (m)	**asteroide** (m)	[aste'roide]
órbita (f)	**orbita** (f)	['orbita]
girar (vi)	**ruotare** (vi)	[ruo'tare]
atmosfera (f)	**atmosfera** (f)	[atmo'sfera]
Sol (m)	**il Sole**	[il 'sole]
Sistema (m) Solar	**sistema** (m) **solare**	[si'stema so'lare]
eclipse (m) solar	**eclisse** (f) **solare**	[e'klisse so'lare]
Terra (f)	**la Terra**	[la 'terra]
Lua (f)	**la Luna**	[la 'luna]
Marte (m)	**Marte** (m)	['marte]
Vênus (f)	**Venere** (f)	['venere]
Júpiter (m)	**Giove** (m)	['dʒove]
Saturno (m)	**Saturno** (m)	[sa'turno]
Mercúrio (m)	**Mercurio** (m)	[mer'kurio]
Urano (m)	**Urano** (m)	[u'rano]
Netuno (m)	**Nettuno** (m)	[net'tuno]
Plutão (m)	**Plutone** (m)	[plu'tone]
Via Láctea (f)	**Via** (f) **Lattea**	['via 'lattea]
Ursa Maior (f)	**Orsa** (f) **Maggiore**	['orsa ma'dʒore]
Estrela Polar (f)	**Stella** (f) **Polare**	['stella po'lare]
marciano (m)	**marziano** (m)	[mar'tsjano]
extraterrestre (m)	**extraterrestre** (m)	[ekstrater'restre]
alienígena (m)	**alieno** (m)	[a'ljeno]

disco (m) voador	disco (m) **volante**	['disko vo'lante]
espaçonave (f)	**nave** (f) **spaziale**	['nave spa'tsjale]
estação (f) orbital	**stazione** (f) **spaziale**	[sta'tsjone spa'tsjale]
lançamento (m)	**lancio** (m)	['lanʧo]
motor (m)	**motore** (m)	[mo'tore]
bocal (m)	**ugello** (m)	[u'dʒello]
combustível (m)	**combustibile** (m)	[kombu'stibile]
cabine (f)	**cabina** (f) **di pilotaggio**	[ka'bina di pilo'tadʒio]
antena (f)	**antenna** (f)	[an'tenna]
vigia (f)	**oblò** (m)	[ob'lo]
bateria (f) solar	**batteria** (f) **solare**	[batte'ria so'lare]
traje (m) espacial	**scafandro** (m)	[ska'fandro]
imponderabilidade (f)	**imponderabilità** (f)	[imponderabili'ta]
oxigênio (m)	**ossigeno** (m)	[os'sidʒeno]
acoplagem (f)	**aggancio** (m)	[ag'ganʧo]
fazer uma acoplagem	**agganciarsi** (vr)	[aggan'ʧarsi]
observatório (m)	**osservatorio** (m)	[osserva'torio]
telescópio (m)	**telescopio** (m)	[tele'skopio]
observar (vt)	**osservare** (vt)	[osser'vare]
explorar (vt)	**esplorare** (vt)	[esplo'rare]

75. A Terra

Terra (f)	**la Terra**	[la 'terra]
globo terrestre (Terra)	**globo** (m) **terrestre**	['globo ter'restre]
planeta (m)	**pianeta** (m)	[pja'neta]
atmosfera (f)	**atmosfera** (f)	[atmo'sfera]
geografia (f)	**geografia** (f)	[dʒeogra'fia]
natureza (f)	**natura** (f)	[na'tura]
globo (mapa esférico)	**mappamondo** (m)	[mappa'mondo]
mapa (m)	**carta** (f) **geografica**	['karta dʒeo'grafika]
atlas (m)	**atlante** (m)	[a'tlante]
Europa (f)	**Europa** (f)	[eu'ropa]
Ásia (f)	**Asia** (f)	['azia]
África (f)	**Africa** (f)	['afrika]
Austrália (f)	**Australia** (f)	[au'stralia]
América (f)	**America** (f)	[a'merika]
América (f) do Norte	**America** (f) **del Nord**	[a'merika del nord]
América (f) do Sul	**America** (f) **del Sud**	[a'merika del sud]
Antártida (f)	**Antartide** (f)	[an'tartide]
Ártico (m)	**Artico** (m)	['artiko]

76. Pontos cardeais

norte (m)	nord (m)	[nord]
para norte	a nord	[a nord]
no norte	al nord	[al nord]
do norte (adj)	del nord	[del nord]
sul (m)	sud (m)	[sud]
para sul	a sud	[a sud]
no sul	al sud	[al sud]
do sul (adj)	del sud	[del sud]
oeste, ocidente (m)	ovest (m)	['ovest]
para oeste	a ovest	[a 'ovest]
no oeste	all'ovest	[all 'ovest]
ocidental (adj)	dell'ovest, occidentale	[dell 'ovest], [otʃiden'tale]
leste, oriente (m)	est (m)	[est]
para leste	a est	[a est]
no leste	all'est	[all 'est]
oriental (adj)	dell'est, orientale	[dell 'est], [orien'tale]

77. Mar. Oceano

mar (m)	mare (m)	['mare]
oceano (m)	oceano (m)	[o'tʃeano]
golfo (m)	golfo (m)	['golfo]
estreito (m)	stretto (m)	['stretto]
terra (f) firme	terra (f)	['terra]
continente (m)	continente (m)	[konti'nente]
ilha (f)	isola (f)	['izola]
península (f)	penisola (f)	[pe'nizola]
arquipélago (m)	arcipelago (m)	[artʃi'pelago]
baía (f)	baia (f)	['baja]
porto (m)	porto (m)	['porto]
lagoa (f)	laguna (f)	[la'guna]
cabo (m)	capo (m)	['kapo]
atol (m)	atollo (m)	[a'tollo]
recife (m)	scogliera (f)	[skoʎ'ʎera]
coral (m)	corallo (m)	[ko'rallo]
recife (m) de coral	barriera (f) corallina	[bar'rjera koral'lina]
profundo (adj)	profondo	[pro'fondo]
profundidade (f)	profondità (f)	[profondi'ta]
abismo (m)	abisso (m)	[a'bisso]
fossa (f) oceânica	fossa (f)	['fossa]
corrente (f)	corrente (f)	[kor'rente]
banhar (vt)	circondare (vt)	[tʃirkon'dare]
litoral (m)	litorale (m)	[lito'rale]

costa (f)	costa (f)	['kosta]
maré (f) alta	alta marea (f)	['alta ma'rea]
refluxo (m)	bassa marea (f)	['bassa ma'rea]
restinga (f)	banco (m) di sabbia	['banko di 'sabbia]
fundo (m)	fondo (m)	['fondo]
onda (f)	onda (f)	['onda]
crista (f) da onda	cresta (f) dell'onda	['kresta dell 'onda]
espuma (f)	schiuma (f)	['skjuma]
tempestade (f)	tempesta (f)	[tem'pesta]
furacão (m)	uragano (m)	[ura'gano]
tsunami (m)	tsunami (m)	[tsu'nami]
calmaria (f)	bonaccia (f)	[bo'natʃa]
calmo (adj)	tranquillo	[tran'kwillo]
polo (m)	polo (m)	['polo]
polar (adj)	polare	[po'lare]
latitude (f)	latitudine (f)	[lati'tudine]
longitude (f)	longitudine (f)	[londʒi'tudine]
paralela (f)	parallelo (m)	[paral'lelo]
equador (m)	equatore (m)	[ekwa'tore]
céu (m)	cielo (m)	['tʃelo]
horizonte (m)	orizzonte (m)	[orid'dzonte]
ar (m)	aria (f)	['aria]
farol (m)	faro (m)	['faro]
mergulhar (vi)	tuffarsi (vr)	[tuf'farsi]
afundar-se (vr)	affondare (vi)	[affon'dare]
tesouros (m pl)	tesori (m)	[te'zori]

78. Nomes de Mares e Oceanos

Oceano (m) Atlântico	Oceano (m) Atlantico	[o'tʃeano at'lantiko]
Oceano (m) Índico	Oceano (m) Indiano	[o'tʃeano indi'ano]
Oceano (m) Pacífico	Oceano (m) Pacifico	[o'tʃeano pa'tʃifiko]
Oceano (m) Ártico	mar (m) Glaciale Artico	[mar gla'tʃale 'artiko]
Mar (m) Negro	mar (m) Nero	[mar 'nero]
Mar (m) Vermelho	mar (m) Rosso	[mar 'rosso]
Mar (m) Amarelo	mar (m) Giallo	[mar 'dʒallo]
Mar (m) Branco	mar (m) Bianco	[mar 'bjanko]
Mar (m) Cáspio	mar (m) Caspio	[mar 'kaspio]
Mar (m) Morto	mar (m) Morto	[mar 'morto]
Mar (m) Mediterrâneo	mar (m) Mediterraneo	[mar mediter'raneo]
Mar (m) Egeu	mar (m) Egeo	[mar e'dʒeo]
Mar (m) Adriático	mar (m) Adriatico	[mar adri'atiko]
Mar (m) Arábico	mar (m) Arabico	[mar a'rabiko]
Mar (m) do Japão	mar (m) del Giappone	[mar del dʒap'pone]

Mar (m) de Bering	mare (m) di Bering	['mare di 'bering]
Mar (m) da China Meridional	mar (m) Cinese meridionale	[mar ʧi'neze meridio'nale]
Mar (m) de Coral	mar (m) dei Coralli	[mar 'dei ko'ralli]
Mar (m) de Tasman	mar (m) di Tasmania	[mar di taz'mania]
Mar (m) do Caribe	mar (m) dei Caraibi	[mar dei kara'ibi]
Mar (m) de Barents	mare (m) di Barents	['mare di 'barents]
Mar (m) de Kara	mare (m) di Kara	['mare di 'kara]
Mar (m) do Norte	mare (m) del Nord	['mare del nord]
Mar (m) Báltico	mar (m) Baltico	[mar 'baltiko]
Mar (m) da Noruega	mare (m) di Norvegia	['mare di nor'veʤa]

79. Montanhas

montanha (f)	monte (m), montagna (f)	['monte], [mon'taɲa]
cordilheira (f)	catena (f) montuosa	[ka'tena montu'oza]
serra (f)	crinale (m)	[kri'nale]
cume (m)	cima (f)	['ʧima]
pico (m)	picco (m)	['pikko]
pé (m)	piedi (m pl)	['pjede]
declive (m)	pendio (m)	[pen'dio]
vulcão (m)	vulcano (m)	[vul'kano]
vulcão (m) ativo	vulcano (m) attivo	[vul'kano at'tivo]
vulcão (m) extinto	vulcano (m) inattivo	[vul'kano inat'tivo]
erupção (f)	eruzione (f)	[eru'tsjone]
cratera (f)	cratere (m)	[kra'tere]
magma (m)	magma (m)	['magma]
lava (f)	lava (f)	['lava]
fundido (lava ~a)	fuso	['fuzo]
cânion, desfiladeiro (m)	canyon (m)	['kenjon]
garganta (f)	gola (f)	['gola]
fenda (f)	crepaccio (m)	[kre'paʧo]
precipício (m)	precipizio (m)	[preʧi'pitsio]
passo, colo (m)	passo (m), valico (m)	['passo], ['valiko]
planalto (m)	altopiano (m)	[alto'pjano]
falésia (f)	falesia (f)	[fa'lezia]
colina (f)	collina (f)	[kol'lina]
geleira (f)	ghiacciaio (m)	[gja'ʧajo]
cachoeira (f)	cascata (f)	[kas'kata]
gêiser (m)	geyser (m)	['gejzer]
lago (m)	lago (m)	['lago]
planície (f)	pianura (f)	[pja'nura]
paisagem (f)	paesaggio (m)	[pae'zaʤo]
eco (m)	eco (f)	['eko]
alpinista (m)	alpinista (m)	[alpi'nista]

escalador (m)	scalatore (m)	[skala'tore]
conquistar (vt)	conquistare (vt)	[konkwi'stare]
subida, escalada (f)	scalata (f)	[ska'lata]

80. Nomes de montanhas

Alpes (m pl)	Alpi (f pl)	['alpi]
Monte Branco (m)	Monte (m) Bianco	['monte 'bjanko]
Pirineus (m pl)	Pirenei (m pl)	[pire'nei]
Cárpatos (m pl)	Carpazi (m pl)	[kar'patsi]
Urais (m pl)	gli Urali (m pl)	[ʎi u'rali]
Cáucaso (m)	Caucaso (m)	['kaukazo]
Elbrus (m)	Monte (m) Elbrus	['monte 'elbrus]
Altai (m)	Monti (m pl) Altai	['monti al'taj]
Tian Shan (m)	Tien Shan (m)	[tjen 'ʃan]
Pamir (m)	Pamir (m)	[pa'mir]
Himalaia (m)	Himalaia (m)	[ima'laja]
monte Everest (m)	Everest (m)	['everest]
Cordilheira (f) dos Andes	Ande (f pl)	['ande]
Kilimanjaro (m)	Kilimangiaro (m)	[kiliman'dʒaro]

81. Rios

rio (m)	fiume (m)	['fjume]
fonte, nascente (f)	fonte (f)	['fonte]
leito (m) de rio	letto (m)	['letto]
bacia (f)	bacino (m)	[ba'tʃino]
desaguar no ...	sfociare nel ...	[sfo'tʃare nel]
afluente (m)	affluente (m)	[afflu'ente]
margem (do rio)	riva (f)	['riva]
corrente (f)	corrente (f)	[kor'rente]
rio abaixo	a valle	[a 'valle]
rio acima	a monte	[a 'monte]
inundação (f)	inondazione (f)	[inonda'tsjone]
cheia (f)	piena (f)	['pjena]
transbordar (vi)	straripare (vi)	[strari'pare]
inundar (vt)	inondare (vt)	[inon'dare]
banco (m) de areia	secca (f)	['sekka]
corredeira (f)	rapida (f)	['rapida]
barragem (f)	diga (f)	['diga]
canal (m)	canale (m)	[ka'nale]
reservatório (m) de água	bacino (m) di riserva	[ba'tʃino di ri'zerva]
eclusa (f)	chiusa (f)	['kjuza]
corpo (m) de água	bacino (m) idrico	[ba'tʃino 'idriko]

pântano (m)	palude (f)	[pa'lude]
lamaçal (m)	pantano (m)	[pan'tano]
redemoinho (m)	vortice (m)	['vortitʃe]

riacho (m)	ruscello (m)	[ru'ʃello]
potável (adj)	potabile	[po'tabile]
doce (água)	dolce	['dolʧe]

| gelo (m) | ghiaccio (m) | ['gjatʃo] |
| congelar-se (vr) | ghiacciarsi (vr) | [gja'tʃarsi] |

82. Nomes de rios

| rio Sena (m) | Senna (f) | ['senna] |
| rio Loire (m) | Loira (f) | ['loira] |

rio Tâmisa (m)	Tamigi (m)	[ta'midʒi]
rio Reno (m)	Reno (m)	['reno]
rio Danúbio (m)	Danubio (m)	[da'nubio]

rio Volga (m)	Volga (m)	['volga]
rio Don (m)	Don (m)	[don]
rio Lena (m)	Lena (f)	['lena]

rio Amarelo (m)	Fiume (m) Giallo	['fjume 'dʒallo]
rio Yangtzé (m)	Fiume (m) Azzurro	['fjume ad'dzurro]
rio Mekong (m)	Mekong (m)	[me'kong]
rio Ganges (m)	Gange (m)	['gandʒe]

rio Nilo (m)	Nilo (m)	['nilo]
rio Congo (m)	Congo (m)	['kongo]
rio Cubango (m)	Okavango	[oka'vango]
rio Zambeze (m)	Zambesi (m)	[dzam'bezi]
rio Limpopo (m)	Limpopo (m)	['limpopo]
rio Mississippi (m)	Mississippi (m)	[missis'sippi]

83. Floresta

| floresta (f), bosque (m) | foresta (f) | [fo'resta] |
| florestal (adj) | forestale | [fores'tale] |

mata (f) fechada	foresta (f) fitta	[fo'resta 'fitta]
arvoredo (m)	boschetto (m)	[bos'ketto]
clareira (f)	radura (f)	[ra'dura]

| matagal (m) | roveto (m) | [ro'veto] |
| mato (m), caatinga (f) | boscaglia (f) | [bos'kaʎʎa] |

pequena trilha (f)	sentiero (m)	[sen'tjero]
ravina (f)	calanco (m)	[ka'lanko]
árvore (f)	albero (m)	['albero]
folha (f)	foglia (f)	['foʎʎa]

folhagem (f)	fogliame (m)	[foʎ'ʎame]
queda (f) das folhas	caduta (f) delle foglie	[ka'duta 'delle 'foʎʎe]
cair (vi)	cadere (vi)	[ka'dere]
topo (m)	cima (f)	['tʃima]
ramo (m)	ramo (m), ramoscello (m)	['ramo], [ramo'ʃello]
galho (m)	ramo (m)	['ramo]
botão (m)	gemma (f)	['dʒemma]
agulha (f)	ago (m)	['ago]
pinha (f)	pigna (f)	['piɲa]
buraco (m) de árvore	cavità (f)	[kavi'ta]
ninho (m)	nido (m)	['nido]
toca (f)	tana (f)	['tana]
tronco (m)	tronco (m)	['tronko]
raiz (f)	radice (f)	[ra'ditʃe]
casca (f) de árvore	corteccia (f)	[kor'tetʃa]
musgo (m)	musco (m)	['musko]
arrancar pela raiz	sradicare (vt)	[zradi'kare]
cortar (vt)	abbattere (vt)	[ab'battere]
desflorestar (vt)	disboscare (vt)	[dizbo'skare]
toco, cepo (m)	ceppo (m)	['tʃeppo]
fogueira (f)	falò (m)	[fa'lo]
incêndio (m) florestal	incendio (m) boschivo	[in'tʃendio bos'kivo]
apagar (vt)	spegnere (vt)	['speɲere]
guarda-parque (m)	guardia (f) forestale	['gwardia fores'tale]
proteção (f)	protezione (f)	[prote'tsjone]
proteger (a natureza)	proteggere (vt)	[pro'tedʒere]
caçador (m) furtivo	bracconiere (m)	[brakko'njere]
armadilha (f)	tagliola (f)	[taʎ'ʎoʎa]
colher (cogumelos, bagas)	raccogliere (vt)	[rak'koʎʎere]
perder-se (vr)	perdersi (vr)	['perdersi]

84. Recursos naturais

recursos (m pl) naturais	risorse (f pl) naturali	[ri'sorse natu'rali]
minerais (m pl)	minerali (m pl)	[mine'rali]
depósitos (m pl)	deposito (m)	[de'pozito]
jazida (f)	giacimento (m)	[dʒatʃi'mento]
extrair (vt)	estrarre (vt)	[e'strarre]
extração (f)	estrazione (f)	[estra'tsjone]
minério (m)	minerale (m) grezzo	[mine'rale 'greddzo]
mina (f)	miniera (f)	[mi'njera]
poço (m) de mina	pozzo (m) di miniera	['pottso di mi'njera]
mineiro (m)	minatore (m)	[mina'tore]
gás (m)	gas (m)	[gas]
gasoduto (m)	gasdotto (m)	[gas'dotto]

petróleo (m)	**petrolio** (m)	[pe'trolio]
oleoduto (m)	**oleodotto** (m)	[oleo'dotto]
poço (m) de petróleo	**torre** (f) **di estrazione**	['torre di estra'tsjone]
torre (f) petrolífera	**torre** (f) **di trivellazione**	['torre di trivella'tsjone]
petroleiro (m)	**petroliera** (f)	[petro'ljera]
areia (f)	**sabbia** (f)	['sabbia]
calcário (m)	**calcare** (m)	[kal'kare]
cascalho (m)	**ghiaia** (f)	['gjaja]
turfa (f)	**torba** (f)	['torba]
argila (f)	**argilla** (f)	[ar'dʒilla]
carvão (m)	**carbone** (m)	[kar'bone]
ferro (m)	**ferro** (m)	['ferro]
ouro (m)	**oro** (m)	['oro]
prata (f)	**argento** (m)	[ar'dʒento]
níquel (m)	**nichel** (m)	['nikel]
cobre (m)	**rame** (m)	['rame]
zinco (m)	**zinco** (m)	['dzinko]
manganês (m)	**manganese** (m)	[manga'neze]
mercúrio (m)	**mercurio** (m)	[mer'kurio]
chumbo (m)	**piombo** (m)	['pjombo]
mineral (m)	**minerale** (m)	[mine'rale]
cristal (m)	**cristallo** (m)	[kris'tallo]
mármore (m)	**marmo** (m)	['marmo]
urânio (m)	**uranio** (m)	[u'ranio]

85. Tempo

tempo (m)	**tempo** (m)	['tempo]
previsão (f) do tempo	**previsione** (f) **del tempo**	[previ'zjone del 'tempo]
temperatura (f)	**temperatura** (f)	[tempera'tura]
termômetro (m)	**termometro** (m)	[ter'mometro]
barômetro (m)	**barometro** (m)	[ba'rometro]
úmido (adj)	**umido**	['umido]
umidade (f)	**umidità** (f)	[umidi'ta]
calor (m)	**caldo** (m), **afa** (f)	['kaldo], ['afa]
tórrido (adj)	**molto caldo**	['molto 'kaldo]
está muito calor	**fa molto caldo**	[fa 'molto 'kaldo]
está calor	**fa caldo**	[fa 'kaldo]
quente (morno)	**caldo**	['kaldo]
está frio	**fa freddo**	[fa 'freddo]
frio (adj)	**freddo**	['freddo]
sol (m)	**sole** (m)	['sole]
brilhar (vi)	**splendere** (vi)	['splendere]
de sol, ensolarado	**di sole**	[di 'sole]
nascer (vi)	**levarsi** (vr)	[le'varsi]
pôr-se (vr)	**tramontare** (vi)	[tramon'tare]

nuvem (f)	nuvola (f)	['nuvola]
nublado (adj)	nuvoloso	[nuvo'lozo]
nuvem (f) preta	nube (f) di pioggia	['nube di 'pjodʒa]
escuro, cinzento (adj)	nuvoloso	[nuvo'lozo]

chuva (f)	pioggia (f)	['pjodʒa]
está a chover	piove	['pjove]
chuvoso (adj)	piovoso	[pjo'vozo]
chuviscar (vi)	piovigginare (vi)	[pjovidʒi'nare]

chuva (f) torrencial	pioggia (f) torrenziale	['pjodʒa torren'tsjale]
aguaceiro (m)	acquazzone (m)	[akwat'tsone]
forte (chuva, etc.)	forte	['forte]
poça (f)	pozzanghera (f)	[pot'tsangera]
molhar-se (vr)	bagnarsi (vr)	[ba'narsi]

nevoeiro (m)	foschia (f), nebbia (f)	[fos'kia], ['nebbia]
de nevoeiro	nebbioso	[neb'bjozo]
neve (f)	neve (f)	['neve]
está nevando	nevica	['nevika]

86. Tempo extremo. Catástrofes naturais

trovoada (f)	temporale (m)	[tempo'rale]
relâmpago (m)	fulmine (f)	['fulmine]
relampejar (vi)	lampeggiare (vi)	[lampe'dʒare]

trovão (m)	tuono (m)	[tu'ono]
trovejar (vi)	tuonare (vi)	[tuo'nare]
está trovejando	tuona	[tu'ona]

| granizo (m) | grandine (f) | ['grandine] |
| está caindo granizo | grandina | ['grandina] |

| inundar (vt) | inondare (vt) | [inon'dare] |
| inundação (f) | inondazione (f) | [inonda'tsjone] |

terremoto (m)	terremoto (m)	[terre'moto]
abalo, tremor (m)	scossa (f)	['skossa]
epicentro (m)	epicentro (m)	[epi'tʃentro]

| erupção (f) | eruzione (f) | [eru'tsjone] |
| lava (f) | lava (f) | ['lava] |

tornado (m)	tromba (f) d'aria	['tromba 'daria]
tornado (m)	tornado (m)	[tor'nado]
tufão (m)	tifone (m)	[ti'fone]

furacão (m)	uragano (m)	[ura'gano]
tempestade (f)	tempesta (f)	[tem'pesta]
tsunami (m)	tsunami (m)	[tsu'nami]

| ciclone (m) | ciclone (m) | [tʃi'klone] |
| mau tempo (m) | maltempo (m) | [mal'tempo] |

incêndio (m)	incendio (m)	[in'tʃendio]
catástrofe (f)	disastro (m)	[di'zastro]
meteorito (m)	meteorite (m)	[meteo'rite]

avalanche (f)	valanga (f)	[va'langa]
deslizamento (m) de neve	slavina (f)	[zla'vina]
nevasca (f)	tempesta (f) di neve	[tem'pesta di 'neve]
tempestade (f) de neve	bufera (f) di neve	['bufera di 'neve]

FAUNA

87. Mamíferos. Predadores

predador (m)	predatore (m)	[preda'tore]
tigre (m)	tigre (f)	['tigre]
leão (m)	leone (m)	[le'one]
lobo (m)	lupo (m)	['lupo]
raposa (f)	volpe (m)	['volpe]
jaguar (m)	giaguaro (m)	[dʒa'gwaro]
leopardo (m)	leopardo (m)	[leo'pardo]
chita (f)	ghepardo (m)	[ge'pardo]
pantera (f)	pantera (f)	[pan'tera]
puma (m)	puma (f)	['puma]
leopardo-das-neves (m)	leopardo (m) delle nevi	[leo'pardo 'delle 'nevi]
lince (m)	lince (f)	['lintʃe]
coiote (m)	coyote (m)	[ko'jote]
chacal (m)	sciacallo (m)	[ʃa'kallo]
hiena (f)	iena (f)	['jena]

88. Animais selvagens

animal (m)	animale (m)	[ani'male]
besta (f)	bestia (f)	['bestia]
esquilo (m)	scoiattolo (m)	[sko'jattolo]
ouriço (m)	riccio (m)	['ritʃo]
lebre (f)	lepre (f)	['lepre]
coelho (m)	coniglio (m)	[ko'niʎʎo]
texugo (m)	tasso (m)	['tasso]
guaxinim (m)	procione (f)	[pro'tʃone]
hamster (m)	criceto (m)	[kri'tʃeto]
marmota (f)	marmotta (f)	[mar'motta]
toupeira (f)	talpa (f)	['talpa]
rato (m)	topo (m)	['topo]
ratazana (f)	ratto (m)	['ratto]
morcego (m)	pipistrello (m)	[pipi'strello]
arminho (m)	ermellino (m)	[ermel'lino]
zibelina (f)	zibellino (m)	[dzibel'lino]
marta (f)	martora (f)	['martora]
doninha (f)	donnola (f)	['donnola]
visom (m)	visone (m)	[vi'zone]

| castor (m) | castoro (m) | [kas'toro] |
| lontra (f) | lontra (f) | ['lontra] |

cavalo (m)	cavallo (m)	[ka'vallo]
alce (m)	alce (m)	['altʃe]
veado (m)	cervo (m)	['tʃervo]
camelo (m)	cammello (m)	[kam'mello]

bisão (m)	bisonte (m) americano	[bi'zonte ameri'kano]
auroque (m)	bisonte (m) europeo	[bi'zonte euro'peo]
búfalo (m)	bufalo (m)	['bufalo]

zebra (f)	zebra (f)	['dzebra]
antílope (m)	antilope (f)	[an'tilope]
corça (f)	capriolo (m)	[kapri'olo]
gamo (m)	daino (m)	['daino]
camurça (f)	camoscio (m)	[ka'moʃo]
javali (m)	cinghiale (m)	[tʃin'gjale]

baleia (f)	balena (f)	[ba'lena]
foca (f)	foca (f)	['foka]
morsa (f)	tricheco (m)	[tri'keko]
urso-marinho (m)	otaria (f)	[o'taria]
golfinho (m)	delfino (m)	[del'fino]

urso (m)	orso (m)	['orso]
urso (m) polar	orso (m) bianco	['orso 'bjanko]
panda (m)	panda (m)	['panda]

macaco (m)	scimmia (f)	['ʃimmia]
chimpanzé (m)	scimpanzè (m)	[ʃimpan'dze]
orangotango (m)	orango (m)	[o'rango]
gorila (m)	gorilla (m)	[go'rilla]
macaco (m)	macaco (m)	[ma'kako]
gibão (m)	gibbone (m)	[dʒib'bone]

elefante (m)	elefante (m)	[ele'fante]
rinoceronte (m)	rinoceronte (m)	[rinotʃe'ronte]
girafa (f)	giraffa (f)	[dʒi'raffa]
hipopótamo (m)	ippopotamo (m)	[ippo'potamo]

| canguru (m) | canguro (m) | [kan'guro] |
| coala (m) | koala (m) | [ko'ala] |

mangusto (m)	mangusta (f)	[man'gusta]
chinchila (f)	cincillà (f)	[tʃintʃil'la]
cangambá (f)	moffetta (f)	[mof'fetta]
porco-espinho (m)	istrice (m)	['istritʃe]

89. Animais domésticos

gata (f)	gatta (f)	['gatta]
gato (m) macho	gatto (m)	['gatto]
cão (m)	cane (m)	['kane]

cavalo (m)	cavallo (m)	[ka'vallo]
garanhão (m)	stallone (m)	[stal'lone]
égua (f)	giumenta (f)	[dʒu'menta]
vaca (f)	mucca (f)	['mukka]
touro (m)	toro (m)	['toro]
boi (m)	bue (m)	['bue]
ovelha (f)	pecora (f)	['pekora]
carneiro (m)	montone (m)	[mon'tone]
cabra (f)	capra (f)	['kapra]
bode (m)	caprone (m)	[kap'rone]
burro (m)	asino (m)	['azino]
mula (f)	mulo (m)	['mulo]
porco (m)	porco (m)	['porko]
leitão (m)	porcellino (m)	[portʃel'lino]
coelho (m)	coniglio (m)	[ko'niʎʎo]
galinha (f)	gallina (f)	[gal'lina]
galo (m)	gallo (m)	['gallo]
pata (f), pato (m)	anatra (f)	['anatra]
pato (m)	maschio (m) dell'anatra	['maskio dell 'anatra]
ganso (m)	oca (f)	['oka]
peru (m)	tacchino (m)	[tak'kino]
perua (f)	tacchina (f)	[tak'kina]
animais (m pl) domésticos	animali (m pl) domestici	[ani'mali do'mestitʃi]
domesticado (adj)	addomesticato	[addomesti'kato]
domesticar (vt)	addomesticare (vt)	[addomesti'kare]
criar (vt)	allevare (vt)	[alle'vare]
fazenda (f)	fattoria (f)	[fatto'ria]
aves (f pl) domésticas	pollame (m)	[pol'lame]
gado (m)	bestiame (m)	[bes'tjame]
rebanho (m), manada (f)	branco (m), mandria (f)	['branko], ['mandria]
estábulo (m)	scuderia (f)	[skude'ria]
chiqueiro (m)	porcile (m)	[por'tʃile]
estábulo (m)	stalla (f)	['stalla]
coelheira (f)	conigliera (f)	[koniʎ'ʎera]
galinheiro (m)	pollaio (m)	[pol'lajo]

90. Pássaros

pássaro (m), ave (f)	uccello (m)	[u'tʃello]
pombo (m)	colombo (m), piccione (m)	[kolombo], [pi'tʃone]
pardal (m)	passero (m)	['passero]
chapim-real (m)	cincia (f)	['tʃintʃa]
pega-rabuda (f)	gazza (f)	['gattsa]
corvo (m)	corvo (m)	['korvo]

gralha-cinzenta (f)	cornacchia (f)	[kor'nakkia]
gralha-de-nuca-cinzenta (f)	taccola (f)	['takkola]
gralha-calva (f)	corvo (m) nero	['korvo 'nero]
pato (m)	anatra (f)	['anatra]
ganso (m)	oca (f)	['oka]
faisão (m)	fagiano (m)	[fa'dʒano]
águia (f)	aquila (f)	['akwila]
açor (m)	astore (m)	[a'store]
falcão (m)	falco (m)	['falko]
abutre (m)	grifone (m)	[gri'fone]
condor (m)	condor (m)	['kondor]
cisne (m)	cigno (m)	['ʧiɲo]
grou (m)	gru (f)	[gru]
cegonha (f)	cicogna (f)	[ʧi'koɲa]
papagaio (m)	pappagallo (m)	[pappa'gallo]
beija-flor (m)	colibrì (m)	[koli'bri]
pavão (m)	pavone (m)	[pa'vone]
avestruz (m)	struzzo (m)	['struttso]
garça (f)	airone (m)	[ai'rone]
flamingo (m)	fenicottero (m)	[feni'kottero]
pelicano (m)	pellicano (m)	[pelli'kano]
rouxinol (m)	usignolo (m)	[uzi'ɲolo]
andorinha (f)	rondine (f)	['rondine]
tordo-zornal (m)	tordo (m)	['tordo]
tordo-músico (m)	tordo (m) sasello	['tordo sa'zello]
melro-preto (m)	merlo (m)	['merlo]
andorinhão (m)	rondone (m)	[ron'done]
cotovia (f)	allodola (f)	[al'lodola]
codorna (f)	quaglia (f)	['kwaʎʎa]
pica-pau (m)	picchio (m)	['pikkio]
cuco (m)	cuculo (m)	['kukulo]
coruja (f)	civetta (f)	[ʧi'vetta]
bufo-real (m)	gufo (m) reale	['gufo re'ale]
tetraz-grande (m)	urogallo (m)	[uro'gallo]
tetraz-lira (m)	fagiano (m) di monte	[fa'dʒano di 'monte]
perdiz-cinzenta (f)	pernice (f)	[per'niʧe]
estorninho (m)	storno (m)	['storno]
canário (m)	canarino (m)	[kana'rino]
galinha-do-mato (f)	francolino (m) di monte	[franko'lino di 'monte]
tentilhão (m)	fringuello (m)	[frin'gwello]
dom-fafe (m)	ciuffolotto (m)	[ʧuffo'lotto]
gaivota (f)	gabbiano (m)	[gab'bjano]
albatroz (m)	albatro (m)	['albatro]
pinguim (m)	pinguino (m)	[pin'gwino]

91. Peixes. Animais marinhos

brema (f)	abramide (f)	[a'bramide]
carpa (f)	carpa (f)	['karpa]
perca (f)	perca (f)	['perka]
siluro (m)	pesce (m) gatto	['peʃe 'gatto]
lúcio (m)	luccio (m)	['lutʃo]
salmão (m)	salmone (m)	[sal'mone]
esturjão (m)	storione (m)	[sto'rjone]
arenque (m)	aringa (f)	[a'ringa]
salmão (m) do Atlântico	salmone (m)	[sal'mone]
cavala, sarda (f)	scombro (m)	['skombro]
solha (f), linguado (m)	sogliola (f)	['soʎʎoʎa]
lúcio perca (m)	lucioperca (f)	[lutʃo'perka]
bacalhau (m)	merluzzo (m)	[mer'luttso]
atum (m)	tonno (m)	['tonno]
truta (f)	trota (f)	['trota]
enguia (f)	anguilla (f)	[an'gwilla]
raia (f) elétrica	torpedine (f)	[tor'pedine]
moreia (f)	murena (f)	[mu'rena]
piranha (f)	piranha, piragna (f)	[pi'rania]
tubarão (m)	squalo (m)	['skwalo]
golfinho (m)	delfino (m)	[del'fino]
baleia (f)	balena (f)	[ba'lena]
caranguejo (m)	granchio (m)	['graŋkio]
água-viva (f)	medusa (f)	[me'duza]
polvo (m)	polpo (m)	['polpo]
estrela-do-mar (f)	stella (f) marina	['stella ma'rina]
ouriço-do-mar (m)	riccio (m) di mare	['ritʃo di 'mare]
cavalo-marinho (m)	cavalluccio (m) marino	[kaval'lutʃo ma'rino]
ostra (f)	ostrica (f)	['ostrika]
camarão (m)	gamberetto (m)	[gambe'retto]
lagosta (f)	astice (m)	['astitʃe]
lagosta (f)	aragosta (f)	[ara'gosta]

92. Anfíbios. Répteis

cobra (f)	serpente (m)	[ser'pente]
venenoso (adj)	velenoso	[vele'nozo]
víbora (f)	vipera (f)	['vipera]
naja (f)	cobra (m)	['kobra]
píton (m)	pitone (m)	[pi'tone]
jiboia (f)	boa (m)	['boa]
cobra-de-água (f)	biscia (f)	['biʃa]

| cascavel (f) | **serpente** (m) **a sonagli** | [ser'pente a so'naʎʎi] |
| anaconda (f) | **anaconda** (f) | [ana'konda] |

lagarto (m)	**lucertola** (f)	[lu'tʃertola]
iguana (f)	**iguana** (f)	[i'gwana]
varano (m)	**varano** (m)	[va'rano]
salamandra (f)	**salamandra** (f)	[sala'mandra]
camaleão (m)	**camaleonte** (m)	[kamale'onte]
escorpião (m)	**scorpione** (m)	[skor'pjone]

tartaruga (f)	**tartaruga** (f)	[tarta'ruga]
rã (f)	**rana** (f)	['rana]
sapo (m)	**rospo** (m)	['rospo]
crocodilo (m)	**coccodrillo** (m)	[kokko'drillo]

93. Insetos

inseto (m)	**insetto** (m)	[in'setto]
borboleta (f)	**farfalla** (f)	[far'falla]
formiga (f)	**formica** (f)	[for'mika]
mosca (f)	**mosca** (f)	['moska]
mosquito (m)	**zanzara** (f)	[dzan'dzara]
escaravelho (m)	**scarabeo** (m)	[skara'beo]

vespa (f)	**vespa** (f)	['vespa]
abelha (f)	**ape** (f)	['ape]
mamangaba (f)	**bombo** (m)	['bombo]
moscardo (m)	**tafano** (m)	[ta'fano]

| aranha (f) | **ragno** (m) | ['raɲo] |
| teia (f) de aranha | **ragnatela** (f) | [raɲa'tela] |

libélula (f)	**libellula** (f)	[li'bellula]
gafanhoto (m)	**cavalletta** (f)	[kaval'letta]
traça (f)	**farfalla** (f) **notturna**	[far'falla not'turna]

barata (f)	**scarafaggio** (m)	[skara'fadʒo]
carrapato (m)	**zecca** (f)	['tsekka]
pulga (f)	**pulce** (f)	['pultʃe]
borrachudo (m)	**moscerino** (m)	[moʃe'rino]

gafanhoto (m)	**locusta** (f)	[lo'kusta]
caracol (m)	**lumaca** (f)	[lu'maka]
grilo (m)	**grillo** (m)	['grillo]
pirilampo, vaga-lume (m)	**lucciola** (f)	['lutʃola]
joaninha (f)	**coccinella** (f)	[kotʃi'nella]
besouro (m)	**maggiolino** (m)	[madʒo'lino]

sanguessuga (f)	**sanguisuga** (f)	[sangwi'zuga]
lagarta (f)	**bruco** (m)	['bruko]
minhoca (f)	**verme** (m)	['verme]
larva (f)	**larva** (m)	['larva]

FLORA

94. Árvores

árvore (f)	albero (m)	['albero]
decídua (adj)	deciduo	[de'tʃiduo]
conífera (adj)	conifero	[ko'nifero]
perene (adj)	sempreverde	[sempre'verde]
macieira (f)	melo (m)	['melo]
pereira (f)	pero (m)	['pero]
cerejeira (f)	ciliegio (m)	[tʃi'ljedʒo]
ginjeira (f)	amareno (m)	[ama'reno]
ameixeira (f)	prugno (m)	['pruɲo]
bétula (f)	betulla (f)	[be'tulla]
carvalho (m)	quercia (f)	['kwertʃa]
tília (f)	tiglio (m)	['tiʎʎo]
choupo-tremedor (m)	pioppo (m) tremolo	['pjoppo 'tremolo]
bordo (m)	acero (m)	['atʃero]
espruce (m)	abete (m)	[a'bete]
pinheiro (m)	pino (m)	['pino]
alerce, lariço (m)	larice (m)	['laritʃe]
abeto (m)	abete (m) bianco	[a'bete 'bjanko]
cedro (m)	cedro (m)	['tʃedro]
choupo, álamo (m)	pioppo (m)	['pjoppo]
tramazeira (f)	sorbo (m)	['sorbo]
salgueiro (m)	salice (m)	['salitʃe]
amieiro (m)	alno (m)	['alno]
faia (f)	faggio (m)	['fadʒo]
ulmeiro, olmo (m)	olmo (m)	['olmo]
freixo (m)	frassino (m)	['frassino]
castanheiro (m)	castagno (m)	[ka'staɲo]
magnólia (f)	magnolia (f)	[ma'ɲolia]
palmeira (f)	palma (f)	['palma]
cipreste (m)	cipresso (m)	[tʃi'presso]
mangue (m)	mangrovia (f)	[man'growia]
embondeiro, baobá (m)	baobab (m)	[bao'bab]
eucalipto (m)	eucalipto (m)	[ewka'lipto]
sequoia (f)	sequoia (f)	[se'kwoja]

95. Arbustos

arbusto (m)	cespuglio (m)	[tʃes'puʎʎo]
arbusto (m), moita (f)	arbusto (m)	[ar'busto]

videira (f)	vite (f)	['vite]
vinhedo (m)	vigneto (m)	[vi'ɲeto]
framboeseira (f)	lampone (m)	[lam'pone]
groselheira-vermelha (f)	ribes (m) rosso	['ribes 'rosso]
groselheira (f) espinhosa	uva (f) spina	['uva 'spina]
acácia (f)	acacia (f)	[a'katʃa]
bérberis (f)	crespino (m)	[kres'pino]
jasmim (m)	gelsomino (m)	[dʒelso'mino]
junípero (m)	ginepro (m)	[dʒi'nepro]
roseira (f)	roseto (m)	[ro'zeto]
roseira (f) brava	rosa (f) canina	['roza ka'nina]

96. Frutos. Bagas

fruta (f)	frutto (m)	['frutto]
frutas (f pl)	frutti (m pl)	['frutti]
maçã (f)	mela (f)	['mela]
pera (f)	pera (f)	['pera]
ameixa (f)	prugna (f)	['pruɲa]
morango (m)	fragola (f)	['fragola]
ginja (f)	amarena (f)	[ama'rena]
cereja (f)	ciliegia (f)	[tʃi'ljedʒa]
uva (f)	uva (f)	['uva]
framboesa (f)	lampone (m)	[lam'pone]
groselha (f) negra	ribes (m) nero	['ribes 'nero]
groselha (f) vermelha	ribes (m) rosso	['ribes 'rosso]
groselha (f) espinhosa	uva (f) spina	['uva 'spina]
oxicoco (m)	mirtillo (m) di palude	[mir'tillo di pa'lude]
laranja (f)	arancia (f)	[a'rantʃa]
tangerina (f)	mandarino (m)	[manda'rino]
abacaxi (m)	ananas (m)	[ana'nas]
banana (f)	banana (f)	[ba'nana]
tâmara (f)	dattero (m)	['dattero]
limão (m)	limone (m)	[li'mone]
damasco (m)	albicocca (f)	[albi'kokka]
pêssego (m)	pesca (f)	['peska]
quiuí (m)	kiwi (m)	['kiwi]
toranja (f)	pompelmo (m)	[pom'pelmo]
baga (f)	bacca (f)	['bakka]
bagas (f pl)	bacche (f pl)	['bakke]
arando (m) vermelho	mirtillo (m) rosso	[mir'tillo 'rosso]
morango-silvestre (m)	fragola (f) di bosco	['fragola di 'bosko]
mirtilo (m)	mirtillo (m)	[mir'tillo]

97. Flores. Plantas

flor (f)	fiore (m)	['fjore]
buquê (m) de flores	mazzo (m) di fiori	['mattso di 'fjori]
rosa (f)	rosa (f)	['roza]
tulipa (f)	tulipano (m)	[tuli'pano]
cravo (m)	garofano (m)	[ga'rofano]
gladíolo (m)	gladiolo (m)	[gla'djolo]
centáurea (f)	fiordaliso (m)	[fjorda'lizo]
campainha (f)	campanella (f)	[kampa'nella]
dente-de-leão (m)	soffione (m)	[sof'fjone]
camomila (f)	camomilla (f)	[kamo'milla]
aloé (m)	aloe (m)	['aloe]
cacto (m)	cactus (m)	['kaktus]
fícus (m)	ficus (m)	['fikus]
lírio (m)	giglio (m)	['dʒiʎʎo]
gerânio (m)	geranio (m)	[dʒe'ranio]
jacinto (m)	giacinto (m)	[dʒa'tʃinto]
mimosa (f)	mimosa (f)	[mi'moza]
narciso (m)	narciso (m)	[nar'tʃizo]
capuchinha (f)	nasturzio (m)	[na'sturtsio]
orquídea (f)	orchidea (f)	[orki'dea]
peônia (f)	peonia (f)	[pe'onia]
violeta (f)	viola (f)	[vi'ola]
amor-perfeito (m)	viola (f) del pensiero	[vi'ola del pen'sjero]
não-me-esqueças (m)	nontiscordardimé (m)	[non·ti·skordar·di'me]
margarida (f)	margherita (f)	[marge'rita]
papoula (f)	papavero (m)	[pa'pavero]
cânhamo (m)	canapa (f)	['kanapa]
hortelã, menta (f)	menta (f)	['menta]
lírio-do-vale (m)	mughetto (m)	[mu'getto]
campânula-branca (f)	bucaneve (m)	[buka'neve]
urtiga (f)	ortica (f)	[or'tika]
azedinha (f)	acetosa (f)	[atʃe'toza]
nenúfar (m)	ninfea (f)	[nin'fea]
samambaia (f)	felce (f)	['feltʃe]
líquen (m)	lichene (m)	[li'kene]
estufa (f)	serra (f)	['serra]
gramado (m)	prato (m) erboso	['prato er'bozo]
canteiro (m) de flores	aiuola (f)	[aju'ola]
planta (f)	pianta (f)	['pjanta]
grama (f)	erba (f)	['erba]
folha (f) de grama	filo (m) d'erba	['filo 'derba]

folha (f)	**foglia** (f)	['foʎʎa]
pétala (f)	**petalo** (m)	['petalo]
talo (m)	**stelo** (m)	['stelo]
tubérculo (m)	**tubero** (m)	['tubero]
broto, rebento (m)	**germoglio** (m)	[dʒer'moʎʎo]
espinho (m)	**spina** (f)	['spina]
florescer (vi)	**fiorire** (vi)	[fjo'rire]
murchar (vi)	**appassire** (vi)	[appas'sire]
cheiro (m)	**odore** (m), **profumo** (m)	[o'dore], [pro'fumo]
cortar (flores)	**tagliare** (vt)	[taʎ'ʎare]
colher (uma flor)	**cogliere** (vt)	['koʎʎere]

98. Cereais, grãos

grão (m)	**grano** (m)	['grano]
cereais (plantas)	**cereali** (m pl)	[tʃere'ali]
espiga (f)	**spiga** (f)	['spiga]
trigo (m)	**frumento** (m)	[fru'mento]
centeio (m)	**segale** (f)	['segale]
aveia (f)	**avena** (f)	[a'vena]
painço (m)	**miglio** (m)	['miʎʎo]
cevada (f)	**orzo** (m)	['ortso]
milho (m)	**mais** (m)	['mais]
arroz (m)	**riso** (m)	['rizo]
trigo-sarraceno (m)	**grano** (m) **saraceno**	['grano sara'tʃeno]
ervilha (f)	**pisello** (m)	[pi'zello]
feijão (m) roxo	**fagiolo** (m)	[fa'dʒolo]
soja (f)	**soia** (f)	['soja]
lentilha (f)	**lenticchie** (f pl)	[len'tikkje]
feijão (m)	**fave** (f pl)	['fave]

PAÍSES DO MUNDO

99. Países. Parte 1

Afeganistão (m)	Afghanistan (m)	[af'ganistan]
África (f) do Sul	Repubblica (f) Sudafricana	[re'pubblika sudafri'kana]
Albânia (f)	Albania (f)	[alba'nia]
Alemanha (f)	Germania (f)	[dʒer'mania]
Arábia (f) Saudita	Arabia Saudita (f)	[a'rabia sau'dita]
Argentina (f)	Argentina (f)	[ardʒen'tina]
Armênia (f)	Armenia (f)	[ar'menia]
Austrália (f)	Australia (f)	[au'stralia]
Áustria (f)	Austria (f)	['austria]
Azerbaijão (m)	Azerbaigian (m)	[azerbaj'dʒan]
Bahamas (f pl)	le Bahamas	[le ba'amas]
Bangladesh (m)	Bangladesh (m)	['bangladeʃ]
Bélgica (f)	Belgio (m)	['beldʒo]
Belarus	Bielorussia (f)	[bjelo'russia]
Bolívia (f)	Bolivia (f)	[bo'livia]
Bósnia e Herzegovina (f)	Bosnia-Erzegovina (f)	['boznia-ertse'govina]
Brasil (m)	Brasile (m)	[bra'zile]
Bulgária (f)	Bulgaria (f)	[bulga'ria]
Camboja (f)	Cambogia (f)	[kam'bodʒa]
Canadá (m)	Canada (m)	['kanada]
Cazaquistão (m)	Kazakistan (m)	[ka'zakistan]
Chile (m)	Cile (m)	['tʃile]
China (f)	Cina (f)	['tʃina]
Chipre (m)	Cipro (m)	['tʃipro]
Colômbia (f)	Colombia (f)	[ko'lombia]
Coreia (f) do Norte	Corea (f) del Nord	[ko'rea del nord]
Coreia (f) do Sul	Corea (f) del Sud	[ko'rea del sud]
Croácia (f)	Croazia (f)	[kro'atsia]
Cuba (f)	Cuba (f)	['kuba]
Dinamarca (f)	Danimarca (f)	[dani'marka]
Egito (m)	Egitto (m)	[e'dʒitto]
Emirados Árabes Unidos	Emirati (m pl) Arabi	[emi'rati 'arabi]
Equador (m)	Ecuador (m)	[ekva'dor]
Escócia (f)	Scozia (f)	['skotsia]
Eslováquia (f)	Slovacchia (f)	[zlo'vakkia]
Eslovênia (f)	Slovenia (f)	[zlo'venia]
Espanha (f)	Spagna (f)	['spaɲa]
Estados Unidos da América	Stati (m pl) Uniti d'America	['stati u'niti da'merika]
Estônia (f)	Estonia (f)	[es'tonia]
Finlândia (f)	Finlandia (f)	[fin'landia]
França (f)	Francia (f)	['frantʃa]

100. Países. Parte 2

Gana (f)	**Ghana** (m)	['gana]
Geórgia (f)	**Georgia** (f)	[dʒe'ordʒa]
Grã-Bretanha (f)	**Gran Bretagna** (f)	[gran bre'taɲa]
Grécia (f)	**Grecia** (f)	['greʧa]
Haiti (m)	**Haiti** (m)	[a'iti]
Hungria (f)	**Ungheria** (f)	[unge'ria]
Índia (f)	**India** (f)	['india]
Indonésia (f)	**Indonesia** (f)	[indo'nezia]
Inglaterra (f)	**Inghilterra** (f)	[ingil'terra]
Irã (m)	**Iran** (m)	['iran]
Iraque (m)	**Iraq** (m)	['irak]
Irlanda (f)	**Irlanda** (f)	[ir'landa]
Islândia (f)	**Islanda** (f)	[iz'landa]
Israel (m)	**Israele** (m)	[izra'ele]
Itália (f)	**Italia** (f)	[i'talia]
Jamaica (f)	**Giamaica** (f)	[dʒa'majka]
Japão (m)	**Giappone** (m)	[dʒap'pone]
Jordânia (f)	**Giordania** (f)	[dʒor'dania]
Kuwait (m)	**Kuwait** (m)	[ku'vejt]
Laos (m)	**Laos** (m)	['laos]
Letônia (f)	**Lettonia** (f)	[let'tonia]
Líbano (m)	**Libano** (m)	['libano]
Líbia (f)	**Libia** (f)	['libia]
Liechtenstein (m)	**Liechtenstein** (m)	['liktenstajn]
Lituânia (f)	**Lituania** (f)	[litu'ania]
Luxemburgo (m)	**Lussemburgo** (m)	[lussem'burgo]
Macedônia (f)	**Macedonia** (f)	[matʃe'donia]
Madagascar (m)	**Madagascar** (m)	[madagas'kar]
Malásia (f)	**Malesia** (f)	[ma'lezia]
Malta (f)	**Malta** (f)	['malta]
Marrocos	**Marocco** (m)	[ma'rokko]
México (m)	**Messico** (m)	['messiko]
Birmânia (f)	**Birmania** (f)	[bir'mania]
Moldávia (f)	**Moldavia** (f)	[mol'davia]
Mônaco (m)	**Monaco** (m)	['monako]
Mongólia (f)	**Mongolia** (f)	[mo'ngolia]
Montenegro (m)	**Montenegro** (m)	[monte'negro]
Namíbia (f)	**Namibia** (f)	[na'mibia]
Nepal (m)	**Nepal** (m)	[ne'pal]
Noruega (f)	**Norvegia** (f)	[nor'vedʒa]
Nova Zelândia (f)	**Nuova Zelanda** (f)	[nu'ova dze'landa]

101. Países. Parte 3

Países Baixos (m pl)	**Paesi Bassi** (m pl)	[pa'ezi 'bassi]
Palestina (f)	**Palestina** (f)	[pale'stina]

Panamá (m)	Panama (m)	['panama]
Paquistão (m)	Pakistan (m)	['pakistan]
Paraguai (m)	Paraguay (m)	[para'gwaj]
Peru (m)	Perù (m)	[pe'ru]
Polinésia (f) Francesa	Polinesia (f) Francese	[poli'nezia fran'tʃeze]

Polônia (f)	Polonia (f)	[po'lonia]
Portugal (m)	Portogallo (f)	[porto'gallo]
Quênia (f)	Kenya (m)	['kenia]
Quirguistão (m)	Kirghizistan (m)	[kir'gizistan]
República (f) Checa	Repubblica (f) Ceca	[re'pubblika 'tʃeka]
República Dominicana	Repubblica (f) Dominicana	[re'pubblika domini'kana]
Romênia (f)	Romania (f)	[roma'nia]

Rússia (f)	Russia (f)	['russia]
Senegal (m)	Senegal (m)	[sene'gal]
Sérvia (f)	Serbia (f)	['serbia]
Síria (f)	Siria (f)	['siria]
Suécia (f)	Svezia (f)	['zvetsia]
Suíça (f)	Svizzera (f)	['zvittsera]
Suriname (m)	Suriname (m)	[suri'name]

Tailândia (f)	Tailandia (f)	[taj'landia]
Taiwan (m)	Taiwan (m)	[taj'van]
Tajiquistão (m)	Tagikistan (m)	[ta'dʒikistan]
Tanzânia (f)	Tanzania (f)	[tan'dzania]
Tasmânia (f)	Tasmania (f)	[taz'mania]
Tunísia (f)	Tunisia (f)	[tuni'zia]
Turquemenistão (m)	Turkmenistan (m)	[turk'menistan]

Turquia (f)	Turchia (f)	[tur'kia]
Ucrânia (f)	Ucraina (f)	[uk'raina]
Uruguai (m)	Uruguay (m)	[uru'gwaj]
Uzbequistão (f)	Uzbekistan (m)	[uz'bekistan]
Vaticano (m)	Vaticano (m)	[vati'kano]
Venezuela (f)	Venezuela (f)	[venetsu'ela]
Vietnã (m)	Vietnam (m)	['vjetnam]
Zanzibar (m)	Zanzibar	['dzandzibar]